不敢當壞人，永遠被當濫好人

離れたくても離れられないあの人からの「攻撃」がなくなる本

遠離道德騷擾、退貨走偏的人際關係

日本心理諮商師 Joe——著　楊玉鳳——譯

前言

只要理解一件事，「攻擊」就會驚人地消失

總是被另一半否定人格。

上司經常莫名地只對自己大聲斥責。

戀人經常對自己無理取鬧。

不論走到哪裡，莫名地就是會變成被欺負的目標。

茫茫人海中，為什麼只有我被選為攻擊目標？

不論做什麼，又或是即便什麼都沒做，就只有自己被攻擊？

到底該怎麼做，這些持續不斷的攻擊才會消失？

近在身旁、經常攻擊別人的人到處都有。

本來應該要儘速遠離這類人，可是世界上也有人是我們想離開卻離不開的。

那麼，我們該如何應對因為某些原因而無法離開、不得不共處，卻又「總是會攻擊自己的人」呢？

該怎麼做才能讓那些攻擊消失？

會不會遭受攻擊取決於「你看起來是個什麼樣的人」

許多被害者為了遏止被攻擊，會拚命盡心盡力、逢迎諂媚以獲得對方認可，或是拚命表白心情，讓別人理解。

但他們卻被逼到窘境、精疲力盡、喪失自制心、懇求、嗚咽、被教訓……，最後是用盡各種方式，赤裸裸地坦露情緒向人求助。

可是，若你成了被攻擊的目標，那些應對方式，幾乎都會帶來反效果。

你之所以經常遭受到攻擊，並非是你做了什麼，或是對方誤解了你的意思。**你之所以總是被攻擊，是因為對方認為你看起來就是「好攻擊的人」**。

也就是說，包含平時的表情、態度在內，你的性格角色看起來就是「好攻擊的對象」。

這一點只要想一下在學校遭受「霸凌」的被害者應該就很容易理解。那些孩子不是因為做了什麼才被霸凌的。

「性格上容易被霸凌」的孩子不論有沒有做什麼，都會被霸凌。

只要你在對方面前扮演著一直以來的角色，並做出一樣的行為舉止，該角色的你不論做什麼，都會持續被攻擊。

反過來說，從今往後，若是你能改變在對方面前所扮演的角色，成為「不受攻擊的角色」，即便做著與至今為止相同的事，你也不會受到攻擊。

成為「不受攻擊的角色」，感覺好像很難，但其實很簡單。詳細部分會在本文中解說，但簡單來說就是，在該對象面前成為話少、不知道內心真正在想些什麼的人。

同時，與對方接觸時，只要保持淡漠的態度，你就能醞釀出深不可測、莫名令人恐懼的氣場。這麼一來，對方就會因這氣場而遲疑是否要攻擊你。

你不需要堂堂正正和攻擊你的人正面對決。不需任何反擊，就能讓對方的攻擊欲萎縮下去。

如果你開始受到某人持續性地攻擊，之後不可以讓對方知道你真正的模樣。相反地，要特意營造出讓對方搞不懂你的氛圍。一般人在面對深不可測的對象時，會感到恐懼而無法攻擊。

我從小就被爭吵不斷、有精神暴力問題的雙親給撫養長大，我活用了這個經驗，開發了應對精神暴力的方法「Joe Method」，之後以精神暴力對策諮商師的身分，為許多被害者進行心理諮商及演講活動。

「Joe Method」是「總之先把現在的情緒放一邊，淡漠地進行自己期望得到結果的行動」這種解決型的方法。

因此，實踐「Joe Method」的人，所展現出的效果，幾乎都非常明確。

以下是實踐了「Joe Method」經驗者的體驗談，經本人同意後為各位做個介紹。

A女士（四十幾歲　專職主婦）

丈夫每天都很焦躁，不斷發脾氣、口吐惡言，孩子也成了出氣桶。我覺得這很不正常，在網上搜尋後找到了Joe先生的部落格。

我除了接受免費的電子報講座，也開始遵循建議做出應對。

丈夫發現到我突然變沉默的異狀，雖然他跟我說：「妳都不說話了！」或是「妳跟平常不一樣了！」但我也只重複說著：「喔……」，都照著指示方法，說得既短又沉穩，讓丈夫放棄想進一步與我說話。

雖然待在同一個房間裡會覺得恐怖，但我還是選擇了沉默。

我不斷拉開與丈夫間的界線。

有段時間，丈夫也說過：「我不知道妳在想些什麼？」但我卻閃躲地回答「啊」或「嗯」。

那段期間，丈夫開始討好我。

我依舊採取沉穩的態度，但在丈夫看來，卻不知道我在想些什麼，或許會覺得有點恐怖。

丈夫變得會主動處理自己的事，基本上來說，他的心情變好了，也不會說類似被害妄想症的話。

我幾乎不會主動找他搭話，但丈夫變得和以前完全不同，會在心情好的時候找我聊天。雖然對話不會繼續下去，但氣氛卻很好。

我沒有諂媚丈夫，心情不好時，也會表現出心情不好的態度，即便如實告訴丈夫，他也不會責備我。

在那種時候，丈夫反而會莫名地來討好我。

至今我都很想與丈夫和睦相處，因此一直都是由我去走近丈夫，但我愈是想靠近，丈夫的謾罵就愈厲害。

然而我現在幾乎都做著和之前完全相反的事，卻是丈夫來討好我。偶爾我會疏忽大意，不小心表現出溫柔的態度，結果丈夫就會突然變得很強硬，態度明顯地變得很妄自尊大。我一改回沉默的態度，丈夫的態度就又回復了。

當然，因為保持一定的距離，雖不能說是夫婦感情很好，但我的生活變得輕鬆許多，真是太感謝了。

B先生（三十幾歲　上班族）

我的情況是受到了上司的霸凌。

明明有很多員工，但我就是會莫名遭受到不合理的怒罵、被丟下一堆工作，而上司則會把那些工作當成是自己做的一樣，向上頭報告邀功。他心情不好的時候，總是會把我當成出氣桶痛罵。他也會向同事們說我壞話，造成同事們的困擾。

我在網路搜索，發現了部落格，接受了Joe先生的諮商。他指出，我是因為太過靠近那名上司了，因此，我便停止跟上司走得太近。

同時，我也遵照Joe先生的指示，減少談話，擺出一分冷然的表情，並改變了說話的方式。不再像從前那樣，鉅細靡遺地向他報告事情，試著營造出諱莫如深的氛圍。

這麼一來，從那天起，那名上司的態度就改變了。一開始，他似乎很警戒於改變態度的我。

以前他還會說些威脅人的話，但現在反而會帶著笑容跟我說話，這是以前從未有過的事。

他態度的改變實在太不真實，老實說我心中湧起了憤怒，但仍照著Joe先生所說的，不顯露表情、維持淡然的態度，並仔細做好該做的工作。我通常都會留意保持一定的態度。

這麼一來，漸漸地，該名上司就沒再把工作推給我，而且很明顯地，他似乎變得難以跟我搭話。即便在走廊錯身而過，他也會避開眼，更不會和同事說我的壞話了。

我不知道這是為什麼，總之很不可置信地，我鬆了好大一口氣。

他好像非得找個人來當攻擊的目標，現在，同部門的其他人也很討厭他，但他已經不會攻擊我了。

這名上司似乎不太會應對不知道在想些什麼、散發出冷然氛圍的人。

我知道了「Joe Method」的訣竅，所以也想應用在與同事以外的人際關係上。真是非常感謝。

「攻擊者」有各式各樣的類型，改善的方法也各有不同，但**只要你改變態度，對方的態度也會改變。**

只要做好基本訣竅，配合自身的狀況來應對，對方就會停止攻擊。

目錄

第一章

再也不忍了！擊退「攻擊」的三個方法

STEP3 減少反應

第二章 這樣應對不講道理的「攻擊」！不戰而勝的逆轉法則

STEP4 減少說話次數

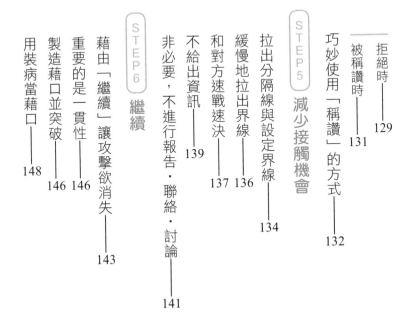

第三章 「攻擊」還是不停止時的最終手段

STEP7 發出冰冷的壓迫感

STEP8 悄悄行動

序章

會「攻擊」是有原因的！

——了解人心的六個祕訣

因為你「軟弱」或「有害」才攻擊你

首先，請試著想想自己「總是被攻擊的原因」。

不論做什麼都會被攻擊，或是即便什麼都不做也會被攻擊。遭受不明原因的攻擊，不禁讓人感到難過、痛苦，但你會成為目標，一定是有某種原因。

如果只被某人攻擊過一次，或被人發過脾氣，通常反省一下造成攻擊原因的行動就好。

接著，只要下次不要做出那樣的行為，人家就不會對你發脾氣，你也不會被攻擊了。

一般情況下，要停止對方的攻擊很簡單。

但是你卻是「一直」遭受攻擊對吧。

被某人「一直」攻擊，與被發過一次脾氣的性質是不一樣的，被攻擊的原因也不同。

軟弱＝不害怕反擊

你「總是」會遭受攻擊的原因有兩個。

①對方覺得你看起來很「軟弱」。
②對方覺得你看起來「有害」。

以下來一一說明吧。

首先，對方會覺得你看起來「軟弱」，不是因為你這個人真的很軟弱。**就對方看來，會認為你的「軟弱」在他眼裡是就算被攻擊也不會怎樣**。也就是說，在對方眼裡，總覺得你「反擊起來也不恐怖」的意思。

自己不論如何攻擊，這傢伙都不會反擊，或是即便攻擊，反擊能力也很弱，所以不恐怖。因此就算攻擊那傢伙，也不會吃虧。

就這意義上說，你被看成是「軟弱」的。

也就是說，你被輕視、侮慢了。

每個人的「有害人事物」都不同

那麼被看成是「有害」的又是怎麼回事呢？這也和先前「看起來軟弱」一樣，並非你這個人本身就是有害的。

總是攻擊你的人，認定你對他「個人來說」是有害的。

在此所說的「有害」意義很廣泛。例如有人不將事情清楚分成黑白兩方就會惴惴不安，無法接受「模稜兩可」。

人生的本質本來就是很模糊的，不可能將一切都黑白兩分。但有些人無法忍受模糊地帶，就這些人看來，做事模稜兩可的人看起來就是「有害」的，會讓他煩躁。

此外也有人認為和自己價值觀、意見不同的人就是「有害」的，因而火冒三丈。看到有人做著自己做不到的事，那分羨慕變成了悔恨，有時也會變成攻擊欲。又或者是有人是把與自己不同性質的存在看成「有害」而「歧視」對方。有的上司因為覺得部下很能幹會威脅到自己的地位，進而隨意攻擊下屬。這時候，就上司的角度來看，該名部下就是對自己「有害」的。

就像這樣，世上不少人會因沒有道理的原因而把對方看成是「對自己有害」的對象。

可是，很多人即便會對對方湧現起「有害」的感覺，卻不會湧上實際去攻擊人的攻擊欲。

會實際去進行攻擊的人，大部分都是「攻擊欲本來就很強的人」，而且覺得對方看起來「很軟弱」。

無法容許遷怒的原因是？

攻擊欲本來就很強的人面對強勢（也就是有反擊能力）的對象時，不會湧現出攻擊欲。正因為對方看起來「軟弱」，才能放心攻擊。

因為不想承認自己是在遷怒、要隱藏自卑感，就會把攻擊對方正當化為：「這傢伙是『有害』的，我只是在進行正當的攻擊」，不正視自我。

也就是說，攻擊欲本來就很強的人，在把你看成是「軟弱」的那個瞬間，同時也捏造了你的「有害性」。

愈是覺得你「軟弱」，就不會怕你，愈會把你當成是「有害」的，所以會實際進行攻擊。

愈是諂媚，攻擊就愈強

就像這樣，一方面給人「軟弱」印象，同時也是「有害」存在的典型，就是「諂媚者」。

如果你總是被某人攻擊，絕對不可以做出「諂媚」的行為。因為「諂媚」就是對對方提出要求：「我這麼軟弱，對我溫柔點！」就「攻擊欲強的人」看來，反而會解讀成「明明就很軟弱，還敢提出『對我溫柔點！』這種不相符的要求」。

所以會被看成是「有害」。

因此，你愈是諂媚，給對方的印象就更顯「軟弱」，同時也更「有害」。而這就成了你遭受攻擊的原因。

不要去管攻擊的原因

就像這樣，「總是做出攻擊的人」對對方所抱持的「有害」印象，很多時候都是以非常不講理的形式捏造而成，可是視情況而定，有時也是你在無自覺的情況下，實際做出了讓對方討厭的事。

例如你在沒有自覺的情況下不小心多嘴多舌，或在不知不覺中說話口氣變成是在責備對方，或是以上對下的口氣來給對方指示，又或是在對方眼前若無其事地做出他正在忍耐著的事，可能因此惹怒了對方。

這麼一來，對對方來說，你就是「有害」的。

不過在此，可以不用嚴格去判斷你本身是否真的「有害」。

總之你「總是」被攻擊的原因，就是對方覺得你看起來「軟弱」、看起來是否「有害」，又或者是兩者兼具。

因此只要把給人的印象改變成是「不軟弱」「不有害」，攻擊就會消失了。

只要做到這點就好，請想得簡單些。

關於解決方法，我們會從第一章介紹八個步驟開始，解說具體的方法。

「長期攻擊你的人」有兩階段

總是會攻擊人的人分有兩種類型：「攻擊欲很強的類型」與「攻擊欲跟支配欲都很強的類型」。

首先是「攻擊欲很強的類型」，簡單來說就是會遷怒的類型。

誠如在祕訣一中所介紹到的，攻擊原因是出自嫉妒心、幼稚的驕氣、說不清的不悅感、歧視等，只是因為生氣而攻擊人的類型。

這類型人把你看成了是「有害的」，做出了卑劣的轉換，把自己捏造成是被害者。但只要實踐從下一章開始會說到的方法STEP1到STEP6，短短數個月～半年，對方就會停止攻擊。

支配欲強的類型最棘手

另一方面，「攻擊欲、支配欲都很強的類型」比攻擊欲強的類型更棘手。

這類型之所以總是會攻擊人，並非單純地認為你軟弱並趁機遷怒於你，而是**想藉由攻擊來支配你**。

背後原因**其實是害怕你會消失**。這種人一邊攻擊你，一邊又害怕你會消失，乍看對你是處於矛盾的情緒漩渦中。

產生支配欲是對自己沒自信

話說回來，若想著「這個人會一直待在我身邊」，就不會想強行去控制對方。

也就是說，藉由攻擊來支配你，是因為害怕你不知道什麼時候會離去。**說得更深入些，在他心中是想著：「自己無法和某人一直待在一起」。**

很多「攻擊欲、支配慾都很強」的人，可以說根本上的自信、自我肯定感很薄弱。

依照不同類型，改變應對法

這麼一聽，你或許會覺得對方「很可憐」，但就算如此，他仍沒有任何理由可以一直攻擊你。

首先請確實做到從下一章開始說明的STEP1～6。STEP1～3是基礎方法，也就是基礎篇。接著STEP4～6是更深入的進階篇。

若持續了數個月到半年，狀況仍沒什麼改變，就可以把對方想成是「攻擊欲、支配慾都很強的類型」。

這時候，雖然基本的應對方式一樣，但必須稍微提高點強度，所以請一併實踐STEP7～8，這是STEP1～6的加強版。

在別人眼中「你是哪種人」決定一切

從下一章開始說明的八個步驟，是能讓看似「軟弱、有害存在」的你，不用跟對方爭鬥就能停止攻擊的方法。

會一直攻擊你的可能是上司、丈夫，或是朋友。不論是哪一種，都是某種程度上的親近存在。

本來你們之間應該有著信賴關係或是締結良好關係，但你卻總是受到對方的攻擊，深深受傷。即便如此，或許你仍強烈希望，唯有很親近你的那個人能理解自己。

可是，若你「總是」被攻擊，不論你多渴求對方能理解你，都是枉然。因為在「總是攻擊．被攻擊」的關係性中，根本沒有「是否理解」的選項。

再重複一次，你之所以「總是」被攻擊，是因為你這個人看起來「軟弱」「有害」。

也就是說，不是對方不能理解你所說的話，而是覺得沒必要理解「軟弱的你」，也不想理解「有害的你」。

這雖很不講道理，但你們之間就是會變成「以攻擊為前提的關係性」。在這樣的關係性中，想要求得對方理解的行為，在對方眼裡就是表現出了有害性，而且有可能給予對方新的攻擊理由。

放下「想被理解」的心情

改變一下想法吧。

導致你「總是」被攻擊的原因，在於「就對方看來，你是個什麼樣的存在」，所以你要做的並非「該如何獲得理解」。

若想改變總是被攻擊的狀況，請先暫時放下「想被理解」「該如何才能獲得理解」的想法。

現在最重要的是，不要讓對方認為，你「是可以一直被攻擊的」。

也就是讓對方把你看成是「既不軟弱又不有害的存在」，這麼一來，攻擊就會停止。

為了能變成這樣，請思考一下以下的方法。

不戰鬥才是躲避攻擊最佳辦法

本書所要告訴大家的，既不是與對方爭鬥的方法，也不是打贏對方的方法，更不是讓對方突然停止攻擊的「魔法般的一句話」。

而是藉由改變「對方怎麼看自己，讓對方的攻擊欲逐漸委靡下去」的方法。

就對方看來，你本來是軟弱又有害的存在，卻變得既不軟弱又不有害，因此就會找不到攻擊的理由，攻擊的力氣也會委靡下去——像這樣的情況可以由你自己有意、戰略式地引起。

本來，會忍耐日常過分攻擊、受盡對方侮辱的你就不擅於攻擊，對吧？

可是請放心，接下來要進行的方法，能讓那樣的你不戰鬥就停止對方的攻擊。

首先，打造和平吧

Love and peace——雖然人們經常把愛與和平放在一起思考，但應該要優先的是和平。

在國際關係中，若兩國間並不和平，就不會愛彼此的國民。要避免戰爭最重要的，首先是打造出和平，如此才會對對方的國家萌生出「愛」的情感，這才是正常的。

「不和平但愛著對方」「不和平但想愛對方」，這種事怎麼想都很不正常。

像這樣，會產生出不論怎麼想都很不正常的事態，其實就是「總是攻擊・被攻擊」的人際關係。

雖然總是被丈夫攻擊，但妻子仍說著：「我愛著丈夫，也被丈夫愛著。」下屬總是被上司攻擊，卻仍說著：「我很尊敬上司，想受到上司認可。」

就旁人來看，是極為沒有道理的，但總是被攻擊的人，卻會有這種心理。你是否也有過類似經驗呢？

話雖這麼說，若是持續著「不和平卻愛著對方，想被對方所愛」這種異常事態，不論是誰，身心都會崩壞。**既然如此，就把「愛」放一邊，先打造「和平」吧。這就是我想告訴大家的。**

對方不是「把話說清楚就能理解」的人

世界上也有很多人一開始是兼有愛與和平並構築起幸福關係。

任誰都想這麼做，我能理解這想法，但現狀是，你一直受到攻擊。

一直想以愛為優先的結果，就是脫離現實。

這樣很可悲。在一直遭受攻擊的時間點，就算向對方尋求愛，事態也不會好轉。首先，為了身心的安全，要打造和平。

沒了攻擊，就能輕鬆生活

誠如先前說明過的，情緒會隨狀態而來。

因此，攻擊停止、和平來訪之時，說不定愛也會跟著來。當然，也有可能即便平安無事地獲得和平，也不會有愛。這本來也就是視與對方的緣分而定。

即便如此，若是沒了如今一直遭受攻擊的狀態，一定能活得比現在更輕鬆。

若能建構起和平、正常的生活基礎，人生的前景瞬間就會變好，也能去做想做的事。我們經常能看見許多這樣的例子。

不是所有人都能獲得愛與和平。

有時候必須選擇愛或和平其中之一。
但很遺憾的是，一旦成為攻擊目標，別懷疑，比起愛，請先選擇和平。
這麼一來，才能守護最重要的人生。

找出範本，進行模仿

在接下來要說明的八個步驟中，會在各步驟詳盡告訴大家「要做些什麼」的行動指南。若是照著寫的去做，對方的攻擊欲就確實會萎縮。

每個指南都很詳細，若能有一個整體的人物形象，實踐起來會更順利。這個人物形象可以是親戚或在職場上的人，又或者是藝人、連續劇中的人物都可以。

請試著找出某位「似乎不太會遭受攻擊的人」去進行想像。

實際模樣如何？是否真實存在？這些都沒有關係。重要的是想像對方現在就在這裡，而且「好像不太會遭受攻擊」。

注意！不會被攻擊的人不等於看起來強勢的人

話雖這麼說，但我不建議選擇強勢的人去進行想像。有很多人會誤解這個重點，因為看起來強勢的人，反而讓人擔心會給對方具攻擊性的印象。

這麼一來會造成反效果，導致對方增強攻擊的可能性，所以請注意。

關鍵字是「面無表情」「沉穩」「沒有情緒起伏」……等，一一照著步驟做時，就能定下合適的想像範本。

若找到了範本，請每次都要想著範本行動時的模樣，像是「如果是那個人會怎麼做」，並去行動，而非在腦中思考著「這時候應該要這樣做」。

本書的方法是，改變「在對方眼裡，自己看起來的模樣」。也就是改變自己在對方眼中的角色形象。

以這點來說，將當作範本的人物行動實現化，並依此而行動是很有效果的。

藉由「扮演」做為範本的人物，自然能改變對方眼中自己的角色形象。

首先用大腦理解，接著只要融入到感覺中，自然付諸行動即可。

盡可能逐漸且緩慢地進行所有變化

對方之所以總是攻擊你，是因為把你看成是「軟弱、有害的存在」，所以認定「可以一直攻擊」你。

要讓攻擊停止，就必須改變你在對方心中的角色形象設定，但這裡有一點要注意。

請不要出現任何劇烈的變化。

成功的關鍵是盡可能緩慢、逐漸做出改變。

大家是否知道，在猜謎節目上，經常會有逐漸改變畫面的環節？因為變化太過緩慢，使得人們沒注意到，但這就是精髓。

要盡可能緩慢地做出一切變化，就像猜謎節目改變畫面一樣。要讓對方沒有察覺到有什麼奇怪，實實在在地一點一滴做改變。

急遽的變化會引起反效果

為什麼「盡可能緩慢、逐漸」是成功的關鍵？因為急遽的變化會讓對方覺得那是有害的，有很大的危險。

再重複一次，對方之所以認定你是「可以一直攻擊的存在」，是因為把你看成了是「軟弱、有害的存在」。

即便攻擊你也不會反擊，即便你反擊了也不恐怖，所以對你不屑一顧。

然而，若你突然做出改變，該變化本身，對對方來說，看起來簡直就是揚起反擊的狼煙。

也就是說，會讓對方覺得「軟弱的傢伙反擊了」「自己明明沒做錯」。這麼一來，對方就會把自己捏造成被害者，找到加強攻擊的理由。

也許有人對對方懷有強烈的憎惡感。

但是誠如祕訣四所說過的，首先你要做的是打造和平。

接下來要說明的方法，不是與對方戰鬥的方法，也不是戰勝對方的方法。

要不戰而改變狀況，首先要關閉起對對方的情緒。

徹底觀察對方的態度，盡可能緩慢、逐漸地做出改變。這麼一來，最後，你在對方心中的角色形象設定，就會一點一滴改變，等注意到時，對方的攻擊欲就會萎縮了……這就是本書的目標終點。

那麼，讓各位久等了。從下一頁起，我們終於要來介紹具體的步驟。

第1章

再也不忍了！擊退「攻擊」的三個方法

與對方接觸時當「壞人」

能當「壞人」就不會受傷

要應對總是會攻擊自己的人時，首先希望大家知道的是，當個「壞人」和對方接觸。

話雖這麼說，但不是要各位作奸犯科。

而是以「壞人」的身分和對方接觸。也就是在心中抱著壞人的意識和對方接觸、相處。

誠如序章中所說明的，總是會攻擊你的人，把你看成了是「軟弱」或「有害」的，所以才攻擊你。

攻擊的理由經常都是「你不好」。因著這些人自我的主觀意識，你才會每天都陷入受傷的窘境。

可是，我希望大家在此稍微回顧一下，說起來，當你被說「你不好」時，為什麼會受傷呢？

停止當「好人」，改當「壞人」

你被激烈的口氣責備時，精神上當然會很痛苦，但追根究底，是不是因為你覺得「自己有很多缺點」？

更甚點說，責備「自己有很多缺點」並讓自己受傷的，來自於你心中「一定要當個一絲不苟的人」這種想法。

因此一旦被責備「都是你不好」，就會認為自己有很多缺點、很不好，結果就會責備自己，讓自己受傷。

所以首先請放下「自己非得當個一絲不苟的人，非得當個好人」的想法。

也就是藉由意識到「自己不是什麼好人」「自己理所當然有壞人的一面」，就不會受到過度的傷害。

只要能當「壞人」，就不會產生出罪惡感

要當壞人，不只是為了不受傷而單純地除去自己是好人的意識。

今後，有意識地「當個壞人去與對方相處」、去實踐所有步驟，其實就是將總是被攻擊的狀況朝和平轉變的重要關鍵。

對方把你看成了是「軟弱」或「有害」，捏造某些理由而攻擊你的做法，其實非常巧妙。可是他本人在做這件事時幾乎是無自覺的。即便想和對方講道理，

讓他停止，是行不通的。

正因如此，我們才必須「讓自己在對方眼裡看來既不軟弱，也不有害」，而非「想讓對方理解自己」。

上述那樣的想法與「當個壞人去與對方接觸」之間又有什麼關係呢？

之後在與對方的關係中，你只要想著「我想打造和平」就好。其他之外的情緒都只會成為阻礙。

我不是說要各位抹去所有情緒，但讓人見到你的情緒，只會妨礙構築和平。

要構築和平，就好比一個有能力的外交官要去執行任務般，不能流於情緒化，必須以冷靜而透徹的心，一步一步進行。

而且不論是哪一步，對於身邊人的態度與行動，本來就都不會是很誠實及親切的。

或許你每次都會懷抱著罪惡感，但總之，要冷靜、理性地進行。過程中能發揮效果的，就是當個「壞人」去和對方接觸的心態。

面對對方時，若能帶著當個壞人的心態去行動，就不會覺得「這樣的應對好糟，他看起來好可憐」。

而且就像接下來逐步要說明的，若能帶著當個壞人的意識去實踐所有步驟，就能讓對方感覺到你不知道在想些什麼的「恐怖感」。這正是本書所提倡的，不戰而勝的方法。

「壞人」就是貫穿本書方法整體的關鍵字。

在所有步驟中，都請貫徹始終「刻意當個壞人」這點。依循著步驟，各位將會更深入理解其效果與重要性。

讓「心」成為壞人

前面說過，雖說要當個壞人去與對方接觸，但不是要各位去做壞人會做的事。

頂多以「壞人的身分去與對方接觸」，但不是要行事風格像個壞人。

此外，也不要醞釀出像是壞人的氛圍。

只要在自己心中當個壞人就好，不用做出行動或表態給對方看。

話說回來，當個壞人去與對方接觸的目的，是為了不要受傷，同時除去罪惡感以進行之後的步驟。

要一邊守護著自己，並將讓對方攻擊欲萎縮的方法實行到最後，就必須擁有一顆壞人的心。

若是弄錯了這點，不小心做出了真的壞人會做的事會怎樣？

例如在晚餐時端出丈夫不喜歡吃的菜、把要洗的衣服放個好幾天、對上司或同事說話帶刺……。

在這瞬間，或許有人會爽快地覺得：「我終於做到了！」

但是，因著這樣的行動或態度，在對方眼中，你的有害性會加倍。這正好可以給他們理由，正大光明地攻擊你，招致反效果。

我告訴前來諮商中心接受指導的人：「與對方接觸時，請當個壞人」後，也有不少人乘著勢頭，鼓足了幹勁，脫口說出：「那我們要對那傢伙做什麼過份的事呢？」

為了不要陷入這樣的誤會，甚至把自己逼入窘境，請告訴自己，「只要心成為壞人就好」。尤其在還不習慣這方法的初期是最重要的。

注意優雅、風流

要將對方眼裡你的形象改變成「既不軟弱也不有害」，「當個壞人與對方接觸」是不可或缺的，是重要的心靈基礎。

在對方面前，不論做些什麼、說些什麼，都要表現得像個壞人。因為需要做到如此徹底，所以最好能在情感上有所理解，才更容易實踐。

若是女性，或許可以想像成是「優雅的壞人」，若是男性則可想像成是「風流的壞人」。

請想出優雅或風流的人。每個人的想像或許各有不同，但至少既不軟弱也不有害。

別讓人覺得你的行動或態度看起來是有敵意的，所以應對要很有禮貌，要表現得無懈可擊。

話雖如此，但你仍確實保有本心，不從於任何人。

因為不表露情緒，對方很難掌握住你真正的感受與想法。

希望你以這些人物為目標，透過本書的方法，改變狀況，獲得和平。一邊在內心藏著作為壞人的意識，表面上則表現出禮貌、沉穩的態度。正因如此，別人才不知道你在想些什麼，能醞釀出「深不可測的強勢」以及「令人不舒服的恐懼感」，讓對方的攻擊欲萎縮下去。

若要選定這樣一個人物，女性可以選當「優雅的壞人」，男性則可以是「風流的壞人」。

或許各位現在還很抽象。

但隨著一一了解各步驟，應該就能抓到那樣的感覺，所以只要記住「優雅」「風流」這兩個關鍵字來閱讀本書即可。

「為守護自己而成為壞人」

做到STEP2之後，大家看你時就會覺得你既不誠實也不親切。

例如變得不關心對方、減少反應和說話、拉開距離……，這些在健全的人際關係中，全都可以說是很不適當的。或許愈是好人，愈會感受到強烈的抗拒。

但總之就是必須做到這程度，要讓你所處的狀況變得異常。

遺憾的是，在總是遭受攻擊的時間點，健全人際關係中的行動、態度都是不適用的。

做出不適當行為的是對方，若你不做出不適當的行為，狀況就不會改變。

因此你才需要當個壞人去和對方接觸。同時也要隨時有自覺，「這麼做是為了守護自己，才故意不誠實的」。

隱藏情緒、減少反應、少說話，就應對的方向性來說，不是加法而是減法。不是要「去做」什麼，而是「不要做」。

為什麼要這樣呢？因為沒有戰鬥意識的人，要想不與人爭鬥就改變狀況，只能採取這樣消極的方法。

但是若其中沒有自覺到「是為了守護自己才不誠實」，心理會有些彆扭。若只是單純地採取消極式行動，在「身而為人這樣不正直」這點上，馬上就會產生出罪惡感來。從中反而只會醞釀出更多的「軟弱」。

此後請不要表現出敵對的行動或態度，但實際上則要做出不誠實的事。的確，身而為人，這樣並不正直。

但這是為改變異常狀況所必須的。我們不要去想「身而為人正直與否」，要想成是，「為了守護自己所做的事，全都是正確的」。

或許也可以把這想成是一種「工作」。比起愛，是為了打造和平、為自己而做的工作。

除了應該要做的工作，還要有自覺地去做不誠實的事、必須控制狀況。

經常思考「自己到底想做什麼」

來我這裡諮商的人中，也有人會問：「要怎麼樣才能讓丈夫認輸呢？」或許各位在心中也這麼想著。

心懷憎惡，想報一箭之仇，這心情我能理解，但請別把這當成人生的目的。

我的方法本來就不是要讓對方痛苦的，而是藉由一點一滴改變自己來讓對方的攻擊欲萎縮而已。

那麼，讓對方的攻擊欲萎縮就是人生的目標嗎？並非如此。

現在請再一次冷靜思考你所面臨的狀況——總是遭受某人單方面的攻擊。為了改變那狀況，你必須刻意地當個壞人，並實行接下來要說明的步驟。

也就是說，接下來必須要做你本來可以不用做的事。若是將此當成了人生的目標，甚至因此感受到生存的價值，你最重要的人生，就會變成不知為何物。

目的是找回自己的人生

接下來要實踐的方法，是為了找回自己的人生。

藉由讓對方的攻擊欲萎縮，改變總是遭受攻擊的狀況，就能再次活出自己本來的人生。

因此，除了實踐方法，也請隨時思考：「自己到底想怎麼樣呢？」不是只有改變狀況而已，還要想一下狀況改變後，自己人生中所矚目的事物。除了一邊應對眼前的狀況，還要想像一下稍遠一點的未來。

本書的方法不過是為了讓你活出自己人生，寫出必須且最低限度的狀況。這些都只是方法，不是人生的目標。實行完一切，狀況改變後，才終於能開始你本來的人生。

這麼一來，大家是否能理解當個壞人的意思了呢？
那麼接下來，我們將進入到STEP2。

不關心對方

杜鵑若不啼，只能接受

你總是遭受誰的攻擊呢？丈夫？上司？還是朋友？

不論是誰，在你心中，應該都對對方有某些期待。

「丈夫要對妻子溫柔。」

「上司要很有耐心地指導下屬。」

「朋友們要彼此體貼。」

一般人成為了丈夫、上司或朋友時，我們會對其角色有先入為主的觀念，從中就會產生出期待來。

除了要有覺悟，還可以試著坦承以對，嘗試讓對方知道你想構築健全的關係。攻擊若能因此停下，就不需要這個方法了。

但如果他對你的話語沒有任何回應，也只能接受現況。**「我本來就不是能靠說話就撼動人心的人」，若不以此為前提，將很難改變狀況。**

有個著名的例子可以用來表現戰國武將的特徵。

織田信長說：「杜鵑若不啼，我就殺了牠。」

豐臣秀吉說：「杜鵑若不啼，就試著讓牠叫。」

德川家康則說：「杜鵑若不啼，我就等牠啼。」

而你現在應有的心態是：「杜鵑若不啼，只能接受。」

請正視自己總是被攻擊的現實。

事實已經背叛了你的期待，你說的話似乎並沒有起到任何影響。若是如此，對方恐怕永遠都不會因為你做了什麼而改變。

既然如此，就別想要改變對方，只能改變狀況。

為此，不論是作為妻子、身為下屬又或是朋友，你都必須暫且斬斷對對方的期待。以對方不會改變為前提，採取能改變狀況的行動。

不要去勉強不啼的杜鵑啼叫。雖說如此，但也不要等著「對方總有一天會回應自己的期待」。只要抱持「也是有這種不叫的杜鵑啊」「也是有這種人啊」的達觀心態，與對方來往。

「憎惡」「認同欲求」「罪惡感」會成為絆腳石

想改變總是遭受攻擊的情況時，你的情緒將會成為絆腳石。

這麼一說，或許很多人會感到排斥，但表露出你的情緒，對對方來說，不過是在彰顯你的軟弱與有害性。

很多人都懷有成為絆腳石的三種情緒：「憎惡」「認同欲求」「罪惡感」。

若總是被攻擊，任誰都會受傷。

身而為人，自然會日漸憎惡造成原因的對方。

此外，因為被攻擊而增強了認同欲求也很常見。

對方為了獲得攻擊的正當性，會巧妙突破你的軟弱之處。若陷入這圈套中，你就會覺得自己好像很無能，想要變得更能幹些，以獲得對方的認可。

第三個罪惡感跟認同欲求很像。為了不讓自己變成壞人，對方會捏造理由來攻擊你。

因此你會覺得：「讓他這麼生氣，都是我的錯。」

這三個情緒你一定都經歷過，但其實這三者，正可說是妨礙打造和平過程的三大情緒。

前文曾提到：「打造和平就像是工作般」。想構築和平時，若是對他國的外交官抱持著「憎恨」「想獲得認可」「都是自己的錯」等情緒，將完全無法工作。

要打造和平，就要像能幹的外交官般，工作心態一定要冷靜、理性。

不要「忍耐」，要「漠不關心」

不過，有一點希望大家不要誤會。

我不是說「情緒是絆腳石＝應該忍下這些情緒」。

我們要做的是「漠不關心」，而非「忍耐」。

我們不是要忍耐「會成為阻礙的情緒」，而是雖生出了會成為絆腳石的情緒，也得對對方漠不關心。

話說回來，憎惡、認同欲求、罪惡感，都是因為在意對方才產生的。

因為在意才生憎恨，因為在意才想獲得認同，也因為在意才會感受到罪惡感。只要除去可說是這些情緒「發生源」的在意，就不會阻礙你打造和平。

漠不關心就是在心底「冷淡」對待對方

可是，我們只需對對方的存在漠不關心即可。

若是完全不介意對方的攻擊，那才會陷入毫無情緒、忍耐的境地。更甚者是招來對方攻擊這個完全相反的結果。

我用一個比較奇特的例子比喻，請大家想一下腳踏車。

或許你平時並不在意腳踏車。可是若腳踏車朝自己衝過來時，當然就無法漠不關心了吧。

就算不在乎對方的存在，也無法不介意對方的攻擊，就是這麼回事。

對方怎麼樣，老實說根本無關緊要。但是，你必須冷靜、理性地應對他對自己造成的實質傷害。有這樣的心態才能順利打造和平。

換言之，就是打從心底「冷淡」對待對方。

我跟諮商者說：「請對妳的丈夫漠不關心。」時，她們經常會回我：「我已經對他漠不關心了喔。」然而在那之後，很多人又會繼續說：「因為我覺得他什麼時候死都無所謂。」

「他什麼時候死？是不是會長命百歲？這些都無所謂」這種說法雖然聽起來的確是漠不關心，但「他什麼時候死都無所謂」這句話表現出了非常強烈的憎惡。別說是漠不關心了，恐怕是比一般的夫妻關係還要更在意對方。

所謂的漠不關心，是只要在心底冷淡對待對方，就不會陷入那樣的誤解中。

這麼一來，在與對方相處時所動搖的情緒，就會逐漸消散。

不是要你的情緒完全消失殆盡，而是只有對總是攻擊你的人不要有情緒反應，然後以這樣的狀態去實行接下來的步驟，之後就能打造出和平，活出自己本來的人生。

「莫名恐怖」最恐怖

任何事，若沒有掌握住原因與結果就無法順利應對。

面對攻擊者也是，重要的是，要掌握住自己做了多少事或沒做，會招致多少攻擊。

也就是說，即便對對方漠不關心、很冷淡，也要好好關注對方的攻擊、仔細觀察。

來我這裡諮商的人，經常會說：「對方就是令人感到莫名的恐怖。」

簡而言之，因為不了解自己行動、態度與對方攻擊間的因果關係，才會覺得「莫名恐怖」。

其實最恐怖的，是因為恐懼而使得選項變少的狀況。就如同不知道地雷埋在哪裡，所以無法採取行動。

可是只要知道「在這樣的狀態下會受到這樣的攻擊」，行動、態度的選項就會增加。

因此之所以說理解因果關係很重要，是因為能擴大選項的範圍，可以知道「這麼做沒問題」。

我絕非是要各位停止因果的「因」。

接下來我們要一邊在心底冷淡看待對方，一邊實踐讓對方攻擊欲萎縮的步驟。

我會告訴大家詳細的行動、態度指南，但畢竟是人，所以進行的時候必須要視對方表現出來的樣子調整力道、強弱。

因此首先，掌握住自己行動、態度與對方攻擊間的因果關係，是能最迅速實踐步驟的關鍵。

改變「相處的方式」而非「自己的個性」

所謂的人際關係，是與擁有各種不同個性的人相互往來。

這雖是理所當然的，但有一點很多人都會混淆。

那就是，人不是以自己本來的個性去和人相處，而是單純地以話語、態度去和人相處。

「個性≠相處方式」，大家應該要明確把這兩件事分開來思考。

想要改變總是被攻擊的狀況，這種想法尤其重要。

你每次被對方攻擊時，是否都會覺得自己的個性被否定了呢？

但其實，對方憤怒的矛頭是指向你與人的相處方式。

或許你會想，與人的相處方式中會表現出個性，否定相處方式就同於否定個性，但這是錯誤的。

真正的個性是不為人知的

你真正的個性其實沒人知道。

個性只存在於你的內在，表現在外的，不過是說話、態度這類相處方式。有些人會對你說出類似否定你個性的話，可是那也只是對方擅自從與你相處中去推測你的個性、責備你。嚴格說來，他責備的還是你與人的相處方式。

你是否能了解這是什麼意思呢？

首先要說的是，不論你遭受到多過分的攻擊，都完全不會損及你的個性。要停止對方的攻擊，完全不需要改變你的個性。

接下來要做的是，隱藏你的個性，只要將與對方的相處方式改變成不會受到攻擊的就好。

在這過程中，你能完整守護好自己的個性。

「相處方式」與「攻擊欲」，產生出不幸的搭配

若被人說了：「你之所以會被攻擊是因為你有著會被攻擊的個性，要停止被攻擊只能改變你的個性。」那可真是糟糕啊。不僅是糟糕，要改變個性什麼的，恐怕是強人所難。

不過要是有人說你：「只要隱藏住個性，改變與人相處的方式就好。」你覺得如何呢？是否會深受感動，覺得容易進行呢？

之所以總是被攻擊，並非是你的錯。你會被攻擊和對方的憤怒與你的個性，其實一點關係都沒有。

不過是你與人相處的方式讓攻擊欲強的對方覺得是「可以攻擊的人」罷了。

你現在的狀態是，你與人的相處方式以及對方的攻擊欲之間形成了不幸的配對，因此才會出現這樣沒道理可言的情況。

只要理解了這件事，就不會想改變對方，而能更看清要改變狀況的方向。每個人的個性都不一樣，產生交會的部分只有相處方式。因此，改變自己與人相處的方式，就一定會影響到對方與人相處的方式。

統整一下就像以下這樣。

・個性——守護（隱藏）自己的個性／不關心對方的個性（冷淡以對）。
・相處方式——將相處方式改變成不會被看做是「軟弱」「有害」。
・結果——對對方來說你是「深不可測、隱藏堅強實力的存在（並非敵對的）」。

變成「無害的存在」，就能讓對方的攻擊欲枯萎（最後對方與你的相處方式也會改變）。

就像前面寫的，這種做法完全不會觸及到你的個性以及對方的個性，也不用積極去改變對方與人相處的方式。

這種方法只有改變自己與對方的接觸方式而已。即便如此，彼此間的關係也會大為改變，能打造出和平來。

這麼做，對方的攻擊欲就會萎縮

再重複一次，對方是透過你與人相處的方式，把你看成是「軟弱」「有害」而攻擊你。

想要改變那樣的看法或是對方的攻擊性本身是很不智的。想要改變的動力，反而會被對方認為是新的「有害性」而帶來反效果。

最有效的方法就是除去對方進行攻擊的依據。

因此只要改變相處方式，讓自己看起來不是「軟弱」「有害」的就好。

其中就要隱藏起你的個性以及從個性中產生出的情緒。

不過再次提醒大家注意一點，這不是要大家壓抑自我，忍耐對方的攻擊。

在此，STEP1中的「當個壞人與對方接觸」就很有用。這說的就是要以當個壞人的心態來隱藏自己，而非忍耐。

這麼一來，在對方眼裡看來，你就是「雖不是敵對，但是隱藏了深不可測堅強實力」的存在。

能力強就是不軟弱，非敵對就是無害。也就是說，在當個壞人實踐步驟時，對方眼中的你，同時失去了「軟弱」與「有害性」。

最後對方將會陷入一種狀況中，也就是雖然至今為止一直都很不講理的吹毛求疵，但現在卻沒了把柄可抓；雖然曾經很不講理的舉起拳頭威嚇你，現在卻舉不起來了。

對方喪失了攻擊的依據，也就是不再認為你是「軟弱」「有害」＝「沒有了可攻擊的對象」，攻擊欲望就會隨之枯萎。

改變與人相處的方式，就能像這樣，既能保護自己，又能最迅速簡單改變不合理的狀況。

大略統整一下，以上就是之後要進行的方法流程與效果。

接下來我會依序說明具體方法，總之請各位只要記住，「只要改變自己與人相處的方式」就好。

總是攻擊自己的人就像「膿皰」

再舉一個比較不一樣的例子，要對對方的存在漠不關心，或許可以把對方想成是「膿皰」。

治療膿皰的重點在於，除了塗藥的時候，平時避免碰到膿皰。雖然會因為在意而一直去觸摸，但愈是進行不必要的觸摸，愈會惡化。

與此相同，不要和總是會攻擊你的人做不必要的接觸。

基本態度就是漠不關心，只有在必要的時候才在必要範圍內與對方接觸。接下來我將會一一說明這些方法。

此外，沒有人會喜歡膿皰，也沒有人想被膿皰所喜愛，更不會有人依賴膿皰或覺得膿皰有存在價值。

這些也都一樣，重要的是，不用去愛總是攻擊自己的人，也別想要被對方所愛。若必須依賴那個人，就無法感受到人生的價值。

所以完全要處於漠不關心的狀態。

膿皰只要獲得適當的治療，總有一天會痊癒。出現在你世界的膿皰能完全治癒是很好，但實際上卻很困難。

想要改變對方只會造成反效果，卻又無法離開對方。其中能達至最大成果的方法，就是盡量讓對方安靜下來，以自我為中心而活。

只要改變與人的相處方式，就極有可能做到這點。即便無法完全排除對方的存在，也能將對方的影響減低至最低限度，活出自己的人生。

減少反應

不讓對方看見「真正的我」

STEP3是基礎篇的最後。

在此要說明的「減少反應」，首先要把兩件事組成一組——「隱藏」自己的情緒並「演戲」。

也就是說，要像STEP2說的那樣，隱藏自己的「個性」，改變與對方「相處的方式」。

這麼一來，就能從根本斬斷對方把你看成是「軟弱」「有害」的原因。

不展露個性

話說回來，為什麼你總是會遭受攻擊呢？

因為你透過了行動或態度讓人看到了真正的自己。你這種與人相處的方式，被對方看成是「軟弱」或「有害」的，所以才會遭受攻擊。

若是如此，首先你該做的，就是隱藏起展露在人們眼前「真正的自己」。

誠如在STEP2中說明的，你的個性不是造成你被攻擊的原因，所以不需要改變個性。

你反而要守護自己的個性，守護到完全不讓對方觸及的程度。

因此完全不要讓對方看到自己真正的情緒。

首先，或許有人會抗拒這件事，但人本來就沒有必要對他人展露出自己真正的情緒。

若是讓人看見你坦率的情緒後彼此關係會變好，那就讓對方看。但沒有必要持續自願讓會攻擊你的人看見真正的自己，以威脅自己的和平。

不展露情緒並非忍耐、壓抑。
而是隱藏情緒、改變相處方式。

隱藏情緒，反而會讓人不知道你在想些什麼，讓對方感到有些害怕，請至少給人這樣的印象。

注意隱藏感情的時機

請各位試著回想起在STEP1中說明過的「當個壞人，減少反應」。

正因為當個壞人，減少了反應，才會讓你像藏著什麼般，裹上「不知真面目的可怕感」。

若不如此，就只能忍耐、壓抑情緒，默默忍受對方更進一步的攻擊。

請抱持著「不需要讓總是攻擊我的人看到我的情緒」的心態，別輕易展露出情緒來。

此外，請留意不要把隱藏情緒變成了憤怒或威嚇的信號。憤怒與威嚇的表現雖然並非不好，但應該出現在適當的時機點。

如果毫無計畫地表現出憤怒或威嚇，就會表現出你的個性，讓你無法隱藏、守護自己的個性。

話說回來，你現在之所以會持續遭受攻擊，就是因為你看起來「軟弱」「有害」。明明是這樣的情況，若還營造出憤怒或威嚇的氣氛，在對方眼裡就會是「弱者發出的有害行為」而增強攻擊欲。

誠如在STEP2中說明過的，對方是如「膿皰」般的東西。若你表現出情緒來：「我現在很生氣！」將會刺激對方，讓膿皰變大。

隱藏情緒，但不要使之成為憤怒或威嚇的信號，此時可以試著抱持「沒錯，那個人就是膿皰」的想法去看待對方。

不要展現出情緒，換句話說就是：「減少展現給對方的反應」。反應是互相的，所以若是我們能聰明地減少反應，別讓對方看出憤怒、威嚇，對方回應回來的反應也會減少。

若是對方減少反應，就會減少在意你的程度。就像這樣，因為順利隱藏情緒以及減少溝通，就更容易對對方漠不關心。

避免讓人看到「自己的界限」

面對總是攻擊自己的人，最該避免的就是因表現出情緒而讓對方看到「自己的界限」。

因為若是表現出「哭泣」「氣餒」「大笑」等情緒起伏，就會讓對方發現你精神上的界限，對方就會知道，你這個人在什麼程度上會被擾亂情緒。

一旦知道了這個界限值，對方就會完全了解你，不覺得你「不知真面目，很恐怖」。

再重複一次，你總是遭受攻擊的一個原因是，對方把你看成是「軟弱」的。

也就是說，要消除你總是被攻擊的情況，在某種形式上，必須給予對方你「強悍」的印象。

但是一直到現在為止，你之所以會遭受對方的攻擊，是因為你這個人即便稍微大聲怒吼、擺出一副恐怖的臉來，就對方看來，也不覺得恐怖。

正因為這樣，你才總是會被攻擊。

你必須要用除了怒吼、一副恐怖的臉「以外」的方法，打造出強悍的印象。

要打造出強悍印象的方法，在此所建議的，就是營造出「莫名的恐怖」。

不被看見情緒，才能不被控制

即便你無法靠怒吼聲或恐怖的臉打造「強悍」印象，意外地也能簡單做到，不讓人看見自己的情緒，營造出「莫名的恐怖」。

也就是說，藉由這個方法減少反應、隱藏你的個性有兩種意思。

其一是隱藏你的個性不讓對方看到以守護之。

另一則是因隱藏起個性，你自己本身就會營造出好像藏著什麼的「莫名恐怖氣氛」。

但是，你如果平常就會「嚎啕大哭」「灰心氣餒」「大笑」，讓對方看到你情緒的界限值，你就完全無法隱藏，真面目也被知道得一清二楚。

請想像一下。

沒人知道總是安靜微笑的人在想些什麼。因為不知道他葫蘆裡賣的什麼藥，所以會有點恐怖。

可是若看到總是大笑的人，就會發現自己對他的理解更深一層，像是：「這個人會因為這種事大笑啊」。

若是在健全的人際關係中，這一點問題都沒有，但若面對的是總會攻擊你的人，這樣的理解只會對你造成實質的傷害。

「我知道這傢伙的情緒動向」會轉換成「這傢伙的控制力在自己之下」的認知，並導致對方認為「他是不論怎麼攻擊也不恐怖的軟弱傢伙」。

跟著感覺走就會失敗

這就和遭受猛烈攻擊卻順勢說出（威脅）：「下次你要是再做出同樣的事我就要離家出走」「我要辭職」這些話時一樣。

本來其實是無法離家出走的，卻威脅著說要「離家出走」；明明無法辭職，卻說要「辭職」，這時候，若你真能做到還好，**但若是要帥地順口叫囂，最後卻無法做到，那就是你的界限了。**

而這時候，對方就會知道你的界限。

想著：「原來這傢伙的界限就在這兒啊。」

再舉一個例子，「諂媚」也是同樣的情況。

所謂的諂媚，就像是在心中給人下跪磕頭。

「對不起，請原諒我」因為用全身表現出乞求原諒的模樣，對方就會看穿你的界限，輕蔑地認為你：「可以控制」「軟弱」「不論怎麼攻擊都不恐怖」。

要同時消除對方眼中你的「軟弱」「有害性」，最終必須要營造出「莫名的恐怖感」，而這正是來自於對方不知道你的真面目。

不論是積極還是消極，對方若能看到你的界限並說出：「真是好懂啊」，就代表「你的真面目已被看光了」。這是會造成你最終目標「營造莫名恐懼感」最大的障礙。

情緒表現要平靜

那麼，該怎麼做才不會被人看到界限？

界限會藉由極端的情緒表現而表達出來，所以要反其道而行，也就是只要「平靜」地表現出情緒就好。

要將反應降至最低限度，包括面對對方所起的情緒反應，以及隨之而來的情緒變化等。

不是要大家全無反應，重點是至少要「減低至最低限度」。但要謹慎留意，這不是說完全不讓對方感受到你的情緒波動、沒有表情。

或許有人會認為沒表情也很有效，但那會有讓對方認為你是有害的危險。

人們在一起時，有反應是很自然的。因此，若表現出沒有表情的不自然狀態，對方就極有可能會從這種奇怪的感覺中，認為那是「軟弱的傢伙在表現出反擊的信號」。

總之「不要做極端的事」。請記得，反應「不要過於激動」的同時，「也不要過於沒反應」。

針對對方的言行舉止，要表現出一般人該有的反應，不要太極端。這麼一來，對對方來說，就會處於像是「不管再怎麼努力都沒有意義」的狀態，失去攻擊的重點。

平淡表現出情緒，是為了要避免對方完全掌握住你。

製造出「沒有出現對方所想的反應」這個狀況，就是營造出不知道深藏些什麼，有著「莫名恐怖感」的第一步。

例如平常會在大家面前大笑的人，若被總是攻擊自己的人說了什麼而挑起情緒，從這裂縫中，攻擊者就會知道：「只要做這樣的事，這傢伙就會受到這種程度的精神影響。」從而就能控制你。

既然這樣，一開始就不要大笑。

平常盡可能平淡地表現情緒起伏，就能消除對方認為「這傢伙是可以控制」的想法。

如何抑制情緒的起伏，表現出適度的表情？以下我舉出了兩個代表的例子做說明，但不論什麼表情，都要隨時注意，不要過大過小，要拿捏到中間的程度。

【面對對方時一般的表情】

- 大笑——不要表現。
- 露齒笑——原則上不要表現。
- 不露齒笑——表現出來（笑的時候，原則上就是這個表情）。
- 說著「今天天氣真好呢」這種程度的平穩表情——表現出來。當做基本表情。
- 一臉嚴肅（沒表情）——原則上不要表現。

【被罵的時候】

※自己真的有錯的時候

・一臉吃驚——不要表現。
・一臉困惑——想加深稍微有點反省的印象時。
・一臉嚴肅（無表情）——不要表現。
・一臉逞強——不要表現。

總之，在總是會攻擊你的人面前，不論是激昂還是消沉，都要除去極端的情緒表現。

雖然不要做出微笑以外的笑容，但在應該要笑的場合時，請記得要好好微笑。

平常就留心斟酌以對，別人就不會看見你真正的情緒，能維持「莫名的恐怖感（強悍感）」。而且因為是非敵對式的表情，也不會被看做是「有害」。

要將情緒「減少到最低限度」，而非「完全沒有」

例如，對方在笑時，自己保持在禮貌微笑的程度。就對方看來，會覺得你的反應出呼意料的淡薄，所以會覺得「奇怪？」「咦？」

話說如此，你也並非完全沒有反應，因為事實上你也是有稍微在笑，所以對方不會有攻擊你的理由。但若是面無表情，或許對方就會以「我說你，是不是在忽視我啊！」這樣的理由展開攻擊。

就像這樣，讓對方看見和他預想「稍微」不一樣的反應。從中所生出的小小疑惑，會逐漸讓攻擊欲消失。

在公司等有對方和第三者在場時，只要是對方目所能及之處，對待其他人最好也要盡可能避免出現過大的反應。

例如若面對總是會攻擊自己的上司時，做出了最低限度的反應，對其他人卻是又說又笑，或許該上司會更增強其攻擊欲。

這時候，面對總是攻擊自己的人和其他人間，要盡量縮小反應差距，在會攻擊者所能看到的範圍內，一貫地扮演「反應薄弱的角色」，這樣比較不會被看成是「有害」的。

希望大家務必領略減少反應這種細緻又複雜的拿捏，大家覺得如何呢？

要讓對方認為改變後的相處方式不是敵對行為，所以你不能毫無反應，是要做到「最低限度」的反應。這也是要邊觀察對方的反應，一點一滴累積經驗而成。

貫徹淡漠的態度

到目前為止，我們說過了「隱藏」情緒（個性）。

我們不是要完全沒反應，而是減少到必要的最低限度。這種與人相處的方式，是不再遭受到攻擊的第一步，這點大家是否已經明白了呢？

再重複一次，隱藏情緒的目的有兩個。

①守護自己的個性。
②透過隱藏個性，醞釀出深藏不露的氛圍，讓人感到「莫名的恐懼」。

那麼，從這裡開始就要來解說，在攻擊者你的面前，你平常的行為舉止該如何表現。

總結為一句話就是，對攻擊者「一貫擺出淡漠的態度」。

要說「淡漠的態度」是什麼意思，就是「在不會受到對方責難的程度下、安全的反應範圍內，做出最小限度的冷淡態度」。

換種方式來說，就像下面這樣。

- 態度固定不變。
- 反應起伏不大。
- 情緒表現起伏很小。
- 不要提心吊膽、忐忑不安。
- 視情況微笑、表現出為難的模樣。
- 不做出很有個性的言行舉止。

若能留意並貫徹前面所說的「深藏不露的氛圍」「莫名的恐怖感」，對方就會覺得你看起來既不軟弱也不有害，你就會轉變成不會受到攻擊的角色。

難以想像的人，可以參照STEP1中說明過的，女性就請想像「優雅的壞人」，男性就請想像「風流的壞人」。

關鍵字是「最低限度」

然後每天只要淡漠地處理最起碼該做的事就好。死守該做事項的範圍，極力避免做超出這個範圍以外的體貼。

以下我們以職場為例，舉例說明針對總是會攻擊自己的同事或上司該做哪些具體行動。請對照自己的情況試著應用。

首先，盡量不要進行私下的對話，不過每天都要打招呼。

兩人獨處時，只要對方沒有先搭話，就當個沉默寡言的人，默默專心地做自己的工作。可是如果對方問你一些工作上的事，回答要簡短、平穩、果斷。然後繼續保持沉默。

態度跟表情要跟之前說的一樣，保持平穩，不要出現厭惡的表情。說話方式不要粗魯。

要像是「啊！應該不是那樣……」而不是面無表情的說：「不對！」

極力避免率先接受多餘的工作。

對方從背後叫你時，絕對不可以快速回頭。

不要像松鼠那樣快速，請想像獅子回頭的模樣，堂堂正正的緩緩轉身回頭。

結束工作後早早回家，不要跟對方閒聊。

這頂多只是一個範例，請試著依自己的情況來想像要扮演什麼角色。

你在對方眼裡就會變成「就算攻擊了也不有趣的人」。

最重要的是「自己的人生」

在此，請各位再次回想一下在STEP 1中說明過的「要經常思考，自己最終想要什麼？」

即便行為舉止表現得很淡漠，也請絕對不要忘了這件事。

話說回來，你為什麼會拿起這本書呢？

不正是為了保護自己、改變現狀，為了找回至今為止一直被蹂躪的人生嗎？

此外，在最後，你想在人生中做些什麼事呢？

是和孩子們一起幸福生活？從事感興趣的事，安穩度日？還是不受對方影響，以自己的意志來工作並做出成果？請再一次問問自己吧。

在此，進行我所說的應對方法「舉止淡漠」本身並非人生的目的。那頂多只是一種方法，要讓自己走向想活出的人生，請重新有所自覺。

根據你怎麼設立目的，你今後的人生將會有很大的不同。

有著會攻擊你、甩也甩不開的「那個人」的世界，並不是你世界的全部。

你有屬於自己的世界，為了不讓對方打擾你的生活、讓他閉嘴，就要當個「壞人」，冷淡以對必要的、最低限度的接觸。我希望大家能帶著這樣的想法與對方來往。

只有「踏出第一步」會很辛苦

若是順著情緒，放任自己又哭又叫、又是勉強自己又是嚇唬人，對方就會看穿你的界限，只會認為你是：「軟弱的傢伙在努力抵抗呢。」那會成為他更加攻擊你的導火線。

但是若懷著當個壞人的想法，減少反應，表現淡漠，就會營造出沒有敵對性的「強悍感」「恐怖感」。

這些不是今天或明天就會出現的變化。說不定對方稍微感受到點變化後，會出現增強攻擊的瞬間。

你才剛站在透過改變與對方相處的方式，以將自己變為不受攻擊角色的起點而已。

雖然只有一點點，但在第一天所發生的變化會讓對方察覺也是莫可奈何的。可是請不要因此就認為「失敗了」而放棄。

若能持續兩天、三天、五天、十天、十五天、一個月、三個月……「沒有情感交流，淡漠地與對方來往」就會變成常態。

不論是對你自己還是對對方來說，你都成了「沒有情感交流，淡漠地與人相處的人」。

在這之中，對方對你的看法也會從「再怎麼攻擊也不恐怖的人」轉變成「就算攻擊了也不有趣的人」「給人莫名恐怖感的人」。

等你注意到的時候，對你的攻擊就消失了——這就是藉由改變與人相處的方式以改變角色形象的狀況。

第2章

這樣應對不講道理的「攻擊」！不戰而勝的逆轉法則

減少說話次數

沉默寡言，但不是無視對方

在第一章中，介紹了要打造當個「壞人」與人接觸的基礎心態、除了要對對方的存在漠不關心，還要減少反應。

從這章開始，我將告訴大家更具體改變相處方式的方法，以及將對方眼中你的形象轉變成「不會受攻擊的形象」的方法。

第一個在前面的STEP3中就是減少情緒表現等反應。

其次希望大家做的是「減少說話」。

世上會進行連續攻擊、霸凌的時機，都是從對話中產生。

在被攻擊的時候，就難以用真實的自我享受與對方的自由談話。這雖很悲傷，但我們必須以這為前提，思考如何發言。

減少煩躁發生的原因——對話

雖然有「不受攻擊的說話訣竅」，但要完整記住對話模式很辛苦。

又或者說，要是有只靠一句話，就能讓攻擊停下就好了，但對本來就不善於戰鬥的人來說這負擔太沉重。

因此，藉由減少煩躁發生原因的「對話」，就能減少對方攻擊的機會。

世上許多容易遭受攻擊的人，就像之前說過的，因為總是來回思考著「該如何巧妙回應」而自掘墳墓，所以對方就一直不會停止攻擊。

比起那樣，不如想著「如何不還嘴」「如何快速、自然地結束對話」，對不善於戰鬥的人來說，解決起來比較不費力，消除攻擊的效果也非常大。

不過，若變得完全不發一語，就會給對方留下敵對的印象。這麼一來，對方會認為你的有害性增加了，也就是說，為了不讓對方覺得你是在「忽視」他，最保險的底線就是做個只說最少話的「沉默寡言的人」與對方接觸。

減少說話的另一個好處

若減少說話，自然會產生沉默。

或許你一直都覺得沉默很尷尬，所以會自己主動找話聊，但也請像在STEP3中說明過的，不要有超出必要的交談，改變與對方相處的方式。

到目前為止，對方是否在多數時候，都會接二連三地對你說些用詞激烈的話，造成你腦筋一片空白，變成只會說「是的」「不是」這種停止思考的狀態？

若習慣「保持沉默也沒關係」，就能打造出不交談的時間，然後在那段沉默的時間中，大腦就能好好運作。

又或者若是在震驚中想著「得要說些什麼」，還沒統整好思緒就發言，就會變成像是「你到底在說些什麼莫名其妙的話啊！」更會增強對方的煩躁。

對這樣的你來說，「透過習慣沉默就能有好好思考的餘地」，等同於「透過減少說話，減少煩躁發生源」，是一大好處。

積極利用「沉默」

對總是攻擊你的人來說，沉默的狀況會讓他很難出手攻擊。

減少說話的同時也要能積極利用沉默。

變成「完全不在乎沉默的角色形象」很重要。

減少說話、營造出讓對方如坐針氈的沉默時間帶，正是心懷當個「壞人」的念頭刻意而為的。

不要說多餘的話，不要讓對話持續下去，不要在對方說得正起勁時和對方一搭一唱，要營造出像是在思考的「時間」。

給對方看來像是「自己明明在說話，但你卻沒有如預想、期待的那樣有反應」這種閃躲的印象。內懷外表看不到的惡意，營造出讓對方難以攻擊的沉默。

沉默才不會被抓住話柄

攻擊者大多採取的攻擊手法是，針對你對他的話語所產生的反應來挑毛病。對方說的話會圍繞著你的回話中有什麼語病、你錯了，自己才是正確的。其中幾乎都是不合邏輯、沒道理的。

就像這樣，對方攻擊的開端，很多時候都是因為你的話。

若是這樣，只要刻意減少說話，表現沉默，對方就不會有攻擊的由頭。

至今為止，對方說了些不講道理的話，引起你的反應，然後又以不合理的邏輯，顛倒黑白地攻擊你。然而，若你刻意空出一段「時間」，對方就不得不面對自己不合理的發言。

說起來，就是「掉進自己挖的坑裡」這種感覺，會變得如坐針氈。

在這如坐針氈的時間裡，對方就無法順利攻擊你，會覺得「算了」，攻擊欲開始萎縮。因為攻擊你實在太不有趣了。

瓦解對方的節奏

在對方心中，已經完成了「容易攻擊的對話圖表」。

他們會很快脫口而出不講理的話、不給你思考的時間、有節奏地引起你的反應、挑你語病。透過這既定的程序，順利地將你捲進流動的節奏裡，照其所想的攻擊你。

節奏良好的對話對所有人來說都是舒服的。對總是攻擊你的人來說，那也就是容易攻擊的節奏。

尤其本來就只是想遷怒的人，其實根本沒有攻擊的理由。只不過是不管三七二十一，就是想攻擊而已。

因此這些人會邊說些不合理的話，趁勢不斷把你捲進「容易攻擊的節奏裡」進行攻擊。

只要破壞這流暢的對話節奏，對方所製造出的「容易攻擊的會話圖表」也會喪失機能。

因此，為了不順著對方的設想進行，只要表現出稍微和對方所想不一樣的反應就好。

語速變快時

至今所提到的「沉默」就是有這些效果。在對方預期會產生反應的地方減少說話，對方的對話節奏就會瓦解。

其他還有例如因為感覺到對方語速變快，結果連自己也跟著加快時，就要刻意放慢說話速度，破壞對方的節奏。

只要這麼做，像機關槍般、盡是使用蠻橫不講理的話來攻擊的人，就會被打亂步調。

因此，他攻擊的快感會減半，攻擊的藉口也難以成立。話說回來，對方就只是掌握住節奏，好讓自己說的話看起來很合理而已。

也許你會擔心，若你的反應不如預期，對方是否會更加煩躁。可是請冷靜思考一下。

對你來說，你沒有義務配合眼前這個人的期望，你有你自己的步調。

因此你只要貫徹「每個人說話的步調本就都不一樣啊」，對方也不得不接受。

在此，最重要的依舊是當個「壞人」的心態。

當個「壞人」沉默不語。

當個「壞人」故意慢慢說話。

只要像這樣抱持著當個「壞人」的心態去破壞對方的節奏，你就會自然地飄散出「莫名的恐怖感」。

這麼一來，就算你沒有照對方預期而行動，對方的煩躁也不會增加，攻擊欲反而還會萎縮。

保持沉默，發言要「簡短、沉穩、果斷」

雖然說要減少說話，但也不可以閉口不言。完全不開口，對方就會認為你「忽視他」，更會成為他攻擊的理由。這一點在此前所做過的說明中，相信大家都已經知道了。

而且，如果對方說了與事實不符的事，而你沒有馬上否定，有時候對方就會扭曲事實。

基本上就是積極營造「沉默」。此外，不得不說話時有三個訣竅如下。

首先，說出口的話要達到最低限度，因此要「簡短」。

並且為了不營造出敵對的氣氛，要說得「平穩」。

最後是結尾時要「果斷」。

總是被攻擊的人，多數都對自己說的話沒有自信，不是沒有結論，就是多以微笑帶過。這正反映出了「軟弱」，所以容易遭受攻擊。

統整起來就是，「簡短、平穩、果斷」。

這麼一來，包含自然且適度的「淡漠」在內，對方就會陷入「說再多都沒用」、如坐針氈的境況。

接下來我會舉出設定「沉默」與表現「簡短、平穩、果斷」的具體場景。

不過各位身處的狀況以及對方的攻擊程度各有不同，所以需要視對方表現出來的態度作調整。接下來要說的，頂多只是基本的應對法，請各位記住。

此外，也可以想像在STEP1中解說過的，貫徹「當個壞人」——女性就想像「優雅的壞人」，男性就想像「風流的壞人」的形象——應該會比較好懂，請各位參考。

【對方說出討人厭的話時】

因為自己的心情被弄糟了，想回嘴情緒性的話語，但這只會讓對方更猛烈攻擊你。

這時候，表現出「意義深遠的沉默」就很有效。你的反應會與對方的攻擊搭配成套，你沒有反應使對話無法成立，對方就難以繼續說下去。

即便一開始對方攻擊猛烈，只要不反應，他也就漸漸的無話可說了。

如果覺得效果不佳，就想像在STEP3說明過的「莫名的恐怖感」，之後請暫時保持著令人尷尬的沉默，邊與對方相處。請記得，不要表現出敵對的表情。

這麼一來對方就會留下「因為我說了令人討厭的話，氣氛才會變成這樣讓人如坐針氈」的印象。只要這樣，他就無法暢快地攻擊你，最終他的攻擊就會愈漸萎縮、安靜下來。

【為雞毛蒜皮的小事責備你時】

因為是「雞毛蒜皮的小事」所以也就不需要表示些什麼了。請面無表情，並在談話間，用不會讓人留下什麼印象的聲調，說著「嗯……」「對……」。

不過請注意，不要讓對方趁勢跟著你的速度搭話。對方若惱怒地說出：「你到底怎麼想的！」時，你還是要說得簡短、平穩、果斷，像是：「嗯……不是很清楚」。

【沒做的事被人責備「做了」時】

這時候若回答「嗯……」或是「做了」就承認了。基本上一樣要說得簡短、平穩、果斷，像是：「我沒有做那件事。」

反過來說，該做的事卻被責備「沒做」時也一樣，一樣要簡短、平穩、果斷地說：「我做了。」

在此，愈是冗長、重複地說明，愈會給對方挑你語病的機會。所以重點依舊是，「簡短」「平穩」「果斷」地說出最基本的事。

本書基本是在解說以減少說話、反應為方向的應對法，但不是要各位一直保持沉默，請大家知道，碰到「不說些什麼自己就會吃虧的情況下」時，要能清楚說出自己的意見。不過說話時，要常保簡短、淡漠、果斷。

這一點非常重要，請大家要記清楚。

【想逃、想結束沒完沒了的對話時】

配合對話內容，把話說得簡短、平穩、果斷，例如「對」「是這樣喔」「我知道了」。

即便是一般的對話，想結束時，也可以用「差不多想結束的聲調」來說話。

這種聲調也可以應用在這裡，不要順著對方的節奏，刻意說得簡短、平穩、果斷。

【自己有意見時】

即便自己有意見，若是絮絮叨叨地說明，或是不斷重複解釋，就會增加被對方挑語病的風險。請留心，要盡可能簡短、平穩、果斷地說出想說的事。

不多說不必要事情的訣竅，就是不要補充說明「為什麼」，只要簡單說出結論即可。

有意見時，或許你會期待，以為只要充分說明，對方就會懂。可是正如此前說明過的，對總是會攻擊人的人，「不要期望他們能理解你」，這點很重要。

【因不合理的事情被責備／不明所以時】

此時會因不理解對方說的話陷入恐慌，導致容易回些意義不明的話。但因為那些話是處在恐慌中時說的，所以會很不合邏輯。

那會招致更嚴重的攻擊。對方會預見你會慌張且說出不合理的話來回應，此時他就可以因為你說話說得不合邏輯而責備你。

可是請冷靜下來思考一下。到底是誰規定了，在面對有人喋喋不休地說著意思不甚清楚的事時，一定要迅速回應？

你有權利「無法理解」。你沒有義務要在瞬間回應對方，對方也沒有權利決定說話的節奏。

請記住，除了「慌張回應」，你還有「沉默」的選擇。若不能理解對方說的話，總之就先「保持沉默」。

這時候，視情況，你可以選擇好幾種表情。以下三者是最具代表性的。

第一個是像「嗯？」這樣，「沒有忽視，有表現出興趣，但是不知道意思」的表情。

第二個是像「嗯……」這樣，「雖然知道意思，但有困難之處」的表情。這時候，在沉默的空檔，實際上也可以發出「嗯……」的聲音。

第三個是「知道意思，連細節部分都能理解」的表情。這要用像是在思考的感覺般，花上約三秒的時間，然後輕微地點頭。

其他像是在對方似乎停不下攻擊時，為了終止對話，有時候一句方便使用的

「不好意思」也很有效，但不要說得很諂媚。

在此無法網羅所有狀況，但總之請隨時注意，「不要被對方帶入他的節奏中」。最重要的是，不要順著對方打造的對話步調走。

對方本來就是在說不合理的話，只要你不做出具體發言，就不會被挑語病。

因此即便發了言，也不要說出結論或提出相反意見，只要使用「是喔……」「嗯」等這類模糊的字眼帶過就好。如此一來，對方無法抓住你的小辮子，節奏就會被打亂。

【被無視時】

被無視的情況也有各種各樣，但經常有人來找我諮商的案例都是明顯有著惡意的被無視。在此可以做出如下的應對。

首先，淡漠地、不要期待對方會有回應地與他搭話。也就是帶著「回不回應我都無所謂」的心情與對方搭話。

若是被無視，此後就想著：「現在是這種情形啊」「如果他想獨處，就讓他一個人靜靜吧」做一個心胸寬大的人，放下這件事。

你因為被無視而受傷──對方想感受到自己有這種影響力，所以才無視你。

只要你不表現出受傷的樣子，對方就無法感受到無視的效果，無視你就沒有實際利益。

正因為是這樣的機制，所以也要避免表現出「我並沒有特別在意！」這種強烈的感覺。因為這樣會讓對方感受到無視你的效果，把你看成是「有害」的。

之後再向對方搭話時，要像沒事般，以平常的模式淡漠地與之交談。

我想大家應該已經知道了，對方結束無視時，請注意千萬不要露出鬆了一口氣的表情。

這麼一來，對方就會覺得你「果然在等他的回應」，因為時間差而感受到無視的效果。即便被無視了也淡漠地應對，對方主動靠近時也淡漠地應對，這樣一貫的態度能將你給人的印象打造成是「既不軟弱也不有害」。

【被怒罵時】

對方突然發火罵人時，不論說什麼都是火上澆油。但也別無視，請先暫且以「帶著關心在傾聽」的態度，始終保持沉默。不過不要表現出驚懼、受傷、正在反省的模樣等，以讓對方感受到效果，只要嚴肅地視線朝下，等一切過去就好。

此外，請參考之前的步驟，從平常起就保持一貫的態度，這樣就能改變自己的角色形象，不會被怒吼。

【被絮絮叨叨唸個不停時】

只要斬斷「對方攻擊↓你做出反應↓反應取悅了對方」的循環，對方的攻擊欲就會萎縮。總之，只要別讓對方看見會讓他有快感的反應就好。

被絮絮叨叨地責備時也一樣。首先別表現出點頭哈腰的謙遜態度。接著在適當的時候，說著：「是這樣啊」結束對話。

說這句「是這樣啊」的音調時，不要表現出像是同意的「沒錯」，而是要像之前也出現過的「想結束對話時」說的「就是啊」的音調。請抱持著「我能理解，但不同意」的心情，別帶入情緒，平穩又沉靜的說。

【道歉時】

若你碰上了自己有錯不得不道歉的情況，必須細心注意特別會讓對方抓住機會的局面。

最糟的情況是，為了突破那樣的窘境，你一臉膽怯地低頭道歉說：「對不起、對不起。」

不論你如何承認「我只有這次有錯」，一旦全面投降地低頭道歉，之後的情況就會很不妙。

因為總是會攻擊人的人，一定會一直利用在此所獲得的心理上優勢。他會有一陣子不斷趁機利用你「那時候真的很對不起」的心態，絮絮叨叨地責備你。

那麼該怎麼道歉比較好呢？訣竅就是，**用「遺憾」的態度道歉，而非「實在抱歉」的心情**。

這兩點很相似卻不一樣。

「實在抱歉」的表現是在針對對方的態度，但「遺憾」則是對做出這種失敗的「自己」感到很遺憾。也就是說，情緒的方向完全相反。

若態度是朝向自己的「遺憾」，即便是說著「不好意思」「對不起」來道歉，表情也不會像是在向對方跪拜求饒般。

這或許也可以說是「在對方指謫之前先出手，自己主動後悔反省」。

對方會不斷卯足了勁想攻擊你的短處。

因此一開始就讓對方有共鳴：「我知道你想說什麼。會變成這樣真是遺憾。」一在被攻擊前，先自我責備。這麼一來，對方揮起的拳頭將無下手之處。

此外，因應必要情況，只要表現出「接下來要這麼做」等善後方式，就不會給予對方任何心理上的優勢，能只限在當下就處理好失敗。

【拒絕時】

在STEP3中，我們說過了「自己決定該做事項的範圍，並死守之」。除此之外，覺得被要求「去做」不合理的事情時，必須要拒絕。

重要的是，不要變成承受對方不合理要求的「被害者」。藉由拒絕，展現出你這個人的主體性，而且你也不是在對方控制之下的人。為此，拒絕時，要盡可能簡短、沉穩、果斷地說明自己「做不到」的原因。

為了方便可以說「啊！……」只在一瞬間浮現出很抱歉的表情，之後就簡短、沉穩、果斷地說：「那點我做不到」。

我要囉唆地再加上一個說明，在此也是請盡量避免給予對方挑自己毛病的機會。而且即便對方強硬地說了：「去做」，也要堅持到底：「啊……不好意思，我做不到，對不起。」

這時候「不好意思」「對不起」這些話是為了達至「拒絕」這個自我利益的手段，所以不論說多少次都不會削弱自己的立場。

同樣地，關於「道歉」的行為，也請大家思考並區分出單純只是道歉卻沒有得到任何利益的情況。

之後若對方說：「那該怎麼辦！」就回覆：「不知道耶……該怎麼做呢？」「我不知道」等。

那些問題讓對方去想就好。

究其源頭，根本就是對方要你去做超出你該做範圍之事。本來思考該怎麼做應該是對方的責任，但他卻突然發火，把責任轉嫁給你。

在此你只要做出「那麼，這樣做怎麼樣？」「還是我來做吧？」等反應，就是你自討苦吃，承擔了責任。

正因為抱持著「不會上當」的強烈心態去拒絕，才能顯示出你的主體性，使你不再處於對方的控制之下。

【被稱讚時】

或許有人會覺得被稱讚與被攻擊稍微有些不同，但被稱讚時的反應也很重要。**要讓對方的攻擊欲望萎縮，總歸就是不要讓對方實際感受到「自己能影響你」**。不論是辱罵還是褒獎，在對方說了些什麼的之前與之後，都盡量不要出現變化，這樣做很有效。

因此，**在受到稱讚時也請貫徹「普通的淡漠態度」**。

絕不要在總是會攻擊人的面前展現出真實的自己，不要喜形於色。若展現出「你說的話對我造成了這些影響」，就更會讓對方得意忘形。

簡短、沉穩地以有禮貌的態度說著：「啊，謝謝」「啊，這都是託大家的福」等，然後立刻離開，轉移話題，不要長時間維持在「被稱讚」的狀況下。

最好的就是極為「瀟灑、淡泊地應對」。對方就會失去你「應該會很開心」，或是應該能控制你的印象。

而且你的態度也沒有沒禮貌，所以對方也無法責怪你。

巧妙使用「稱讚」的方式

在這步驟最後，我想跟大家說的是，自己在稱讚對方時該怎麼做。

就結論來說，**不應該過於稱讚總是會攻擊人的人**。

因為，直到兩人的立場對等之前，對方的心中都會有一個定見，認為被你稱讚是理所當然的。

若是依著這個關係性來稱讚對方，對方就會理解成是「你很卑微」「你想被人喜歡」「你在諂媚」。

因為你照著對方的期望稱讚了他，就會加強他「這傢伙可以控制」的認知。

也就是說，**面對總是會攻擊自己的對方，稱讚這個行為會強化你「被攻擊的形象」**。在這步驟所說明的「減少說話」，也與「不要隨便稱讚」有關。

不過若是戰略性的「刻意稱讚」，有時候也能有效停止攻擊。

只要注意到以下這點並稱讚對方，就可以逆轉你與對方的立場。

・在對方覺得「被稱讚是很理所當然」的時候，不要稱讚。
・稱讚對方不覺得「被稱讚是很理所當然」的部分。
・稱讚對方的「行動」而非「個性」。
・冷淡且簡短、沉穩地說出「很厲害呢」，然後立刻回復「平常的淡漠態度」。

就像這樣，若冷淡地稱讚對方連想都沒想到的部分，對方的立場就會因為意外「被稱讚了！」而下降，而你的立場則會提升。

以上的介紹，在所有狀況下都要留心當個「優雅的壞人」「風流的壞人」，做一個讓人有著「莫名恐怖感」的人，這樣去想像應該會比較好懂吧。

拉出分隔線與設定界線

以「壞人」的心態，不關心對方、減少反應、減少說話後，接著就要進入與對方拉開距離的步驟。

尤其是夫妻關係中，「一定要一起生活」的觀念很根深蒂固。因為是夫妻，所以必須一起吃飯、睡在同一間臥室、生活方式要一致……。你是不是也有類似的想法？

可是，根本沒有理由一定要這樣做。

現在的你，因為與對方處在相同的時間與空間中，所以嚐到了被攻擊的滋味。不論對方的攻擊欲有多強，只要你不在眼前，就無法進行攻擊。既然這樣，就盡可能減少接觸時間點，只要除去「處在同一空間而被攻擊」的物理條件就好。

在此，希望大家留意「拉出分隔線」。

例如，若丈夫在客廳，自己去廚房；若丈夫在寢室，自己就去客廳。或是錯開就寢、起床、吃飯的時間……等等，拉出一條在空間、時間上的分隔線。

甚且藉由各自分開至今為止所共有的物品，例如寢具、餐具等，也是一個拉開心理上分隔線的方法。若是突然分房睡，會顯得改變太劇烈，所以可以先從分開共有物開始。

不限於這些，只要試著以「拉出分隔線」的心態回顧日常，就可以看到其他能畫出分隔線的地方。請各位可以先自己思考並決定。

緩慢地拉出界線

不過，不要因為多量、大規模地急遽變化，而給了對方攻擊你的藉口，所以要一邊觀察對方的模樣，一點一滴增加分隔線。

就像這樣，四處拉起分隔線，極力減少與對方接觸。

就對方來看，是你製造出了「就算想攻擊，攻擊對象也不在眼前」的狀況。

上司與下屬的關係也是一樣。

與夫妻關係不同，下屬的立場是受到上司管理，所以或許會覺得無法拉出時間上、空間上的分隔線。

可是只要仔細回過頭思考，應該能找出不必要的接觸。

例如你是否很有默契地會和上司在同一時間上下班？若上司外出吃午餐，你是否也會跟著出去吃午餐？

錯開這些時間點，只要稍微減少時間與空間上的接觸機會，至少你的心情就會輕鬆許多。

當然，公司也有公司的規則，無法百分百如你所願。即便如此，比起不採取行動，狀況仍會大幅改變。以此為契機，請盡量找出能減少和上司接觸的機會。

和對方速戰速決

誠如先前說明過的，要極力避免與對方處在同一空間中。

若無論如何都得去到有對方在的地方，有一個訣竅可以減少攻擊的物理條件——速戰速決。

雖說是快速，但也不是要各位小跑步。

話說回來，在對方眼裡，你的存在看起來就是「軟弱」「有害」，會刺激對方的攻擊欲。

要減少對方的攻擊機會，重要的是要盡可能消除存在感。去到有對方在的地方時，迅速出入也是為了不要和對方處在相同的時間和空間。

因此，若是小跑步，的確能做到速戰速決。

可是啪啪啪的聲音會使行動很顯眼，而且因為像是小動物般的舉動，所以會營造出提心吊膽的感覺。在「消除存在感」這點上，這麼做很NG。

想像一下，感覺要像是「迅速地出現，迅速地消失」。

悄無聲息的進去，屏息做完事，然後無聲地出來。誇張點說，就是讓對方沒有察覺到你來過、曾經短暫地待過、離去過，連這樣的存在感都要消除。

如果在同一個空間中和對方搭了話，就請回想起STEP3。在最起碼的必要範圍內，簡短、沉穩地說完。

平時盡量待在對方看不見的地方。
若要前往對方的所在之處，就要速戰速決。

請隨時留意在空間上、時間上的這兩個條件，減少和對方接觸的點。
這麼一來，對方看到你的機會就會減少。即使只是這樣簡單的契機，對方「攻擊你的習慣」也會減少。

不給出資訊

在此前的步驟中我們也說過了，若是給予對方的資訊愈多，像是反應或情緒等，對方就愈容易生出攻擊的好理由。
因此藉由拉長分隔線，不給出多餘的資訊也是很有效的。

在此也請各位好好回顧一下日常。

不論是夫妻關係，還是公司裡的上下關係，或許大家會認為所有事都要資訊共享，但其實沒這回事。

就像現在說的，很多時候，對方會攻擊你的理由是從你給予對方的資訊中所產生的。因此可以看到很多例子是，若不給予對方額外的資訊，對方攻擊的頻率就會跟著減少了。

只要想著「只在必須的最低限度共享資訊」，就會意外地發現，也有資訊可以不共享。各位會發現，因為至今為止都沒有這樣想過，所以會盲目地共享所有資訊。

可以舉出的幾個例子有：即便告訴對方「今天要外出」的資訊，也可以不說「要去哪裡」「和誰見面」。

此外，想買新家具等汰舊換新時，也不要去和丈夫討論、讓他決定。由自己決定後，簡短、沉穩地訴說要買新物品，或是什麼都不說，直接去做就好。

另外也很建議在令人意想不到的地方戴上口罩。

這是為了不給予必要以上的「表情」資訊。其實有很多人都跟我說，在家中，若說「我好像有點感冒」而戴上口罩，反而過得很輕鬆。

非必要，不進行報告・聯絡・討論

該怎麼不給出資訊，首先請自己思考、決定，然後觀察對方的情況實行。因為你的內心已經有當個「壞人」的意識，減少了反應與話語，若試著動手去做，應該會意外地順利。

在公司中的上下關係也是，一定也有非必要共享資訊，但你卻無條件提供了。

例如，雖說「報告・聯絡・討論」是一個基本的職場法則，但你是否因為害怕上司而做出了超出基本以外的事呢？

這也是要自己事前思考並決定「這些事可以不用報告」「這種程度的報告可以不用做」，這點很重要。

繼續

藉由「繼續」讓攻擊欲消失

讀到這裡，我們幾乎已經解說完基本步驟。STEP 6的階段是使用好幾種技巧，確實繼續至今所做的事，好讓對方的攻擊欲完全萎縮。

稍微來複習一下吧。

對總是攻擊你的人來說，你是「軟弱」「有害」，又或是「即便攻擊也不恐怖」的存在。

就像這樣，問題在於別讓對方那麼看你。

話雖這麼說，在對方心中，已經有「你＝攻擊對象」的固定觀念，就算想跟對方溝通以獲得理解，也是徒勞無功。

相反地，想溝通以獲得理解本身，會讓對方認為你在反擊、增加了你的有害性，有讓對方更強化攻擊的危險。

之所以被攻擊不是因為你個性不好，所以不需要改變你的個性。

不過，請事先理解，你與人相處的方式，會讓對方認為「攻擊你也不恐怖」「因為你有害該被攻擊」。

因此只要改變相處方式，就可以從「軟弱有害的能攻擊形象」轉變成是「既不軟弱，也不有害，難以攻擊的形象」。這麼一來，就能讓對方的攻擊欲萎縮，這個方法能讓你不用戰鬥就改變狀況，獲得和平。

因此，首先要打造當個「壞人」的基礎心態。

然後對對方的存在漠不關心，減少情緒表現、減少說話，並減少接觸點。

只要以當個「壞人」的心態去做這些事，接下來就能營造出深不可測的「莫名恐怖感」。

你對對方來說，將會成為不軟弱也不有害的存在，對方的攻擊欲就會萎縮。會因為「攻擊這傢伙一點都不有趣」「莫名覺得恐怖」而放棄攻擊。

在總是會被攻擊的時間點上，即便會被誤解，也不要試圖去做討好對方的事。那樣的態度也會被他看成是「軟弱」。

請留意不要勉強妥協，反而要每天確實拉開距離。

然後要再度確認，這並非「戰爭」。

或許你會對對方感到憎惡或懷有敵意，但請以冷淡的態度，淡漠實踐所有步驟，不要發展成激烈的爭鬥。

重要的是一貫性

除了一邊進行以上的事，在STEP6中希望大家最要注意的就是「一貫性」。每天一貫地去做這些事，對方對你的認識，就會一點一滴變成「情緒表現很平淡，話也不多。每天表現得都很淡漠，莫名令人覺得恐怖」，覺得「原來他是這種人」啊。

這就是最後讓對方攻擊欲望萎縮的最大重點。

製造藉口並突破

本書的方法總之就是持續、一點一滴地改變形象。最快在幾天內就能看到改變的徵兆，但也有需要超過半年的。

因此，即便感受不到效果也不要沮喪，請不要放棄，持續下去。

透過本書方法轉變成「難以攻擊的形象」後，總有一天，狀況一定會改變。因為你已經斬斷了遭受攻擊的最根本原因——你容易攻擊，所以攻擊你。

或許在實踐方法時，對方會說些無理取鬧的話、責備你，或是被刁難些不合理的難題、遭受攻擊。

可是此時，一旦回復到原本的「被攻擊形象」，就又得從零開始做起。

即便受到攻擊，也不要開倒車地回到以前的形象，為了能確實實踐方法，你要製造藉口並突破。只要對方不了解，就能藉由突破每次的攻擊，一點一滴改變狀況。

用裝病當藉口

這個方法有點狡猾，但我推薦使用「裝病」作為藉口之一。

若對方發出攻擊，就醞釀出「好像身體不太舒服」的氛圍，讓對方處於不利的形勢，也就是說，讓對方感受到「自己正在殘忍地攻擊身體不舒服的人」。

不過若每次都用「好像感冒了」似乎稍微有點牽強，所以每次都要想不同的病症也很辛苦。

此時可以考慮用腰痛或偏頭痛等，「無關乎性命，但卻會影響到每天家務或工作」這種程度的宿痾。

若遭受攻擊，就皺眉表現出「老毛病又犯了……」，一臉痛苦的模樣。只要固定下這症狀，每次被攻擊時就不再需要考慮裝什麼病了。

話說回來，總是被攻擊的人，多少都是有點「濫好人」。所以希望各位從現在起，多少能有些狡猾，懂得以裝病做保護盾。

發飆後不要把一切放水流

在STEP3中，我們說過了要平靜地表現出情緒。

極端的情緒表現會讓對方看到你的極限，一旦讓對方看到你的極限，對方就會把你看成是「可以控制的人」。

因此我們也說過，最好避免大哭、大笑、發飆。

因為對方只是單純想看到你受到攻擊影響的樣子，所以才執拗地攻擊你。

若能打從心底冷淡對待對方，對於對方的情緒自然會變淡薄。可是在一開始，你或許會對對方的激烈謾罵有反應，不禁升起情緒發飆。

忍不了也是莫可奈何，但問題是之後的事。

請不要馬上回復到「發飆前」的狀態。

一旦立刻回復原狀，對方就會輕視你為「即便發飆了也會立刻回復原狀＝可以做出那種程度的攻擊」。

這就可以說是「發飆虧」。

話雖這麼說，總是一直發飆也不好。你被怒氣牽著鼻子走的樣子，就對方看來，是在增加有害性。

而且對方一定會覺得「你到底要氣到什麼時候啊！」反過來對你發火。

最好是發飆過的隔天，依舊淡漠地做著該做的事，留下「發過飆的餘韻」。製造出讓對方感受到「不知道他是不是還在生氣」「莫名覺得難以搭話，很尷尬」的氣氛。

發飆過後的幾個小時至一、兩天間，持續留有「發飆後餘韻」的態度，即便對方向你搭話也保持不變。

若是對對方窮追不捨，反而會讓對方發火，所以頂多就是保持好讓對方覺得你「不知道是不是還在生氣」的氣氛。不過，若是對方向自己搭話，要有心理準備，考慮「是不是差不多該回復原樣」。

切勿順著對方的期望行動

對方的意圖是：「只要自己去搭話，一切就會回復原狀」。

或許你也會認為：「他應該也覺得自己錯了吧，那就原諒他吧」「我也說得有些過分」，但這才是對方的目標。這時候重要的是不要順著對方的期望行動。

若是殘留著「發飆後餘韻」的期間過去了，就回復到一般淡漠的態度。完全不要表現出特殊的感受，以緩緩平靜下來的感覺，俐落回復原狀。

充滿「遺憾」

其實最好是完全避免展露出情緒，所我並不建議各位經常發飆。不過在繼續進行步驟的階段，「不禁發起飆」來時，請留意以上的解說以作為次佳的方法。

實際上，有不少例子都是以發飆後的處理為契機，因而大為改變了狀況。順帶一提，或許很少人會對上司發飆，若出現這種情況，採取的應對措施會稍微有點不一樣。

要用在STEP4中說明過的，以充滿「遺憾」的說法來道歉。

和夫妻關係不同，因為是對比自己立場還高的人發飆，不論原因為何，總之最好是自己主動認錯。

悶悶不樂的時候把痛快的重點往後挪

承受單方面的攻擊且沒有發飆，但卻心神恍惚地過完一天，像這樣的情況也很多。

這時候，隔天要比平常話更少，營造出令人感到不舒服的氣氛。

不論對方說了哪些討厭的話傷害你，他都會輕蔑地認為，只要他自己重整好心情，你應該也會重整好心情。但我們就是要推翻對方這種天真的設想。

小心不要明顯表現出懷恨在心的氣氛，營造出總讓人覺得「我沒有原諒你做出那種攻擊」的感覺。

請留意，不是營造出受傷的感覺，而是「沒有原諒」的感覺。若變得更少話且淡漠地度過，自然就會出現那種感覺。

這麼一來，對方就會感覺到，「一旦做出攻擊，就會變成現在這種尷尬的氣氛」。若能感受到對方理解了，你心中的疙瘩也能消除。

像這樣，只要事先設想好「之後再消除心中的疙瘩」，受到攻擊時，就能避免忍不住回覆情緒性發言。

要先做好心理準備，不要在當下回覆情緒性的發言，之後再讓對方嚐到不舒服的滋味，這樣就會很痛快。

這麼一來，就算是正在遭受攻擊的當下，應該能察覺到自己面對對方時更冷淡了，例如會想著：「唉呀唉呀，做出這樣的攻擊，之後就會嚐到苦果了，真是笨蛋啊……」

一言以蔽之，就是把「解決的重點」往後挪。這也是在無法立刻停止攻擊的當下，為持續實踐方法時會獲得的其中一個體悟。

持續下去，對方的立場會跟著降低

對方的攻擊，在某種意義上是你反應的鏡像。

你愈是讓人看到卑微的態度，對方的立場就愈強硬，而你則愈會陷入遭受對方隨心所欲攻擊的窘境。

也許大家會覺得這點很理所當然，但意外地，理解這簡單公式的人看起來卻不多。

在此希望大家能重新有所自覺，自己與人的相處方式是取決於和對方之間的力量關係。

因此，重要的是，要心懷當個「壞人」的意識，持續減少反應、減少說話、減少接觸點等改變。

持續下去，立場就會逆轉

雖這些是一個又一個的小小應對法，但只要持續、累積變化，你的立場就會相對地提升。

透過實踐這個方法，將更能發揮迄今為止你的主體性。

因為此前主導權本來只握在對方手中，漸漸地會改握在你的手上，所以你可以任意降低對方的立場。

例如，不論做什麼都會跟丈夫商量並因此遭受到攻擊的人，若是變得完全不與對方商量就自行決定，或是決定了才告知丈夫「我要這麼做」，就能簡單地不再遭受攻擊，像這樣的例子有很多。

要停止攻擊，不是奮力地迎戰取勝。將接觸方式轉變成極為消極，並貫徹到底的實踐，就能逆轉立場。

只要利用已經深藏在你內心的「壞人」意識，不要營造出敵對的氣氛，同時減少反應、說話與接觸點即可。

接下來，**不要想回嘴以勝過對方，請以要逆轉人際勢力關係本身去應對。**

實踐方法的途中若對方的攻擊減少了，仍要將方法貫徹實行到底，藉此，你在對方眼中的形象就會確實有所改變。

對方會認為，以前明明可以百分百掌握、控制你的情緒波動，但最近好像不太能了。

淡薄面對一切，對方將無法知道你有何感覺、在想些什麼。

因此就算想攻擊你，也不知道該在哪一點發怒。

不要出現對方預期的反應，對方就會覺得好像攻擊「無效」了……。

這麼一來，你就會從「既軟弱又有害，可以攻擊的人」一點一滴轉變成「既不軟弱，也不有害，難以攻擊的人」，在這過程中，對方的態度也會發生變化。

這不但可以暫時停止當下攻擊，平常時候你也將不太會再遭受攻擊。

若是如此，你也可以一點一滴放軟態度。

即便停止攻擊，也不可以回復原樣

當然也不是讓各位回到總是被攻擊時的「既軟弱又有害，可以攻擊的人」那種樣態。更不是說讓各位變回總是說著「沒關係」，一口氣展現出個性、表現出豐富的情緒。

要維持著讓對方感覺到「難以攻擊」的氣場，只稍微緩和一點淡淡的冷漠。

這是為了稍微提升最終達至目的「和平共存」關係性的品質。

在此也請注意，不要讓對方察覺到變化。頂多就是一點一滴的，以讓對方感覺到「回過神才發現，不愉悅的感覺好像減少了」的速度，放軟態度。

保持適當距離達至目的後，接下來就請活出自己的人生。

距離感就像是「各自處在感情好的團體中的同班同學」這樣。

沒有必要以上的接觸，但也不會彼此仇恨，和平共存，給人的感覺就是柔性地在處理彼此的關係。

像這樣，建立和平後，說不定就會像在序章中所說過的，會產生出應有的愛與信賴。

但這不過是結果論，所以請不要抱有「既然攻擊停止了，就能擁有充滿愛的夫妻關係」「既然攻擊停止了，就能擁有充滿信賴感的上下關係」的期待。

和平來訪後，若你能整頓好環境以活出自己的人生，這就是最好的。

對方同時是「支配欲」很強的類型時

至今為止，你都要心懷當個「壞人」的意識，對對方漠不關心、減少反應、減少說話、減少接觸，這麼一來你的言行舉止就會像深不可測般，有著「莫名的恐怖感」。

對方應該會頗為尷尬。這麼做所獲得的成果就是不受攻擊的日常，若這一天來到了，就慢慢拉出適度距離感，和平共存，以讓一切塵埃落定。正是為了這個目的，我們才要完成到現在為止的所有步驟。

如果確實持續實踐至今為止的步驟，攻擊卻仍未停下，那麼就可以認定，總是攻擊你的人，不只攻擊欲強，也是支配欲很強的類型。

這時候就需要再加把勁，請進入到接下來的ＳＴＥＰ７～８。

第3章

「攻擊」還是不停止時的最終手段

需要一定程度的壓迫感

所謂的支配欲，就是想隨時把你放在身邊，在肉體、心理上都需要一個代替自己承擔責任與受苦的角色。

換句話說，就是請想成有一股「引力」把你強行拉到對方身旁。

若只是攻擊欲很強的類型，只要確實做到STEP1到STEP6的應對法，就能改變狀況。

可是，若對方除了攻擊欲之外，還有很強的支配欲時，就有著如現在所說的強烈「引力」在作用，因此我們必須扯斷這股引力，另加上推回去給對方的力量。

話雖這麼說，但我不是要各位做出什麼特別的行動。

基本來說，就是在實踐STEP1到STEP6為止的應對法時，請特別注意以「冷淡」與「令人害怕」的態度去與對方接觸。

想擺脫對方的支配，就必須擁有這種程度的「強悍（恐怖）」，表示出自己不受支配。

一般來說，向其他人表現出這樣的意思時，大多會熱切說明，偶爾則是會大聲申斥。

但已經在看這本書的各位，應該是不擅長用這類方法表現出「強悍（恐怖）」的。

想要說服或是大聲說話等熱切的表現，對支配欲強的人來說，或許無法營造出壓迫感，使其支配欲萎縮。

若是這樣，就不要表現出熱切的態度，而要能營造出壓迫感，以打退對方的支配欲。

不要用熱切的態度，反而要留意冷處理。不用流血流淚，而是裹上如要凍結般的冰冷氣場，營造出壓迫感，就能推回對方的引力。

散發壓迫感，裹上「冰冷的氣場」

絕對不要以敵對的話語或態度明確表現出「我沒血沒淚」。

不要回以帶有敵意的話語，也不要放棄該做的事，只有氣氛是冷淡的如裹上了「冰冷的氣場」。

這麼一來，因為你該做的事都有確實去做，只有氣場很冷淡，就對方看來，你這狀態明顯是難以攻擊的氣氛，就找不到攻擊的開端了。

因為你不會不知所措，對方心中「支配這傢伙」的期待也就會減弱。

顯露出壓迫感會讓對方感受到你的敵意，導致增強攻擊的風險。

因此，直到STEP6，我們一直都沒有特別談到要顯露出壓迫感的應對法。

不過，若對方是支配欲很強的類型，就不只是要躲避攻擊，我們自己還要有推回去的力量。因此首先要加強「冷淡而非敵對」的感覺，並散發出必要的壓迫感，這點是不可或缺的。

做出「冰冷壓迫感」發言、表情的訣竅

散發出冰冷壓迫感的方法其實意外的簡單。你在**和對方接觸時要留意，對方靠近時，要用冷淡（冰冷）而非熱切的態度去應對。**

例如，在至今為止表現得「簡短、沉穩說明」的地方加上「冷淡」，**變成「冷淡、簡短又沉穩地說明」。**

當然，即便只有「簡短、沉穩地說明」就某種程度上也會表現出冷淡，但要更刻意表現得冷淡。

笑的時候也是，至今雖都是「不露齒的微笑」，但可以再稍微給人冷淡一點的印象。緊閉嘴巴，只有一邊嘴角上揚而笑，然後立刻轉變成「嚴肅的臉」，就像這樣，就能營造出別人難以你攻擊的氣場。

一直到STEP6為止，「一臉嚴肅」容易被認為是敵對的態度，所以我一

直不建議大家使用。

可是在此，為了表現出更為冷淡的態度，比起「沉穩的臉」，我更推薦增加使用「一臉嚴肅」的機會。藉此就能打造出冷淡（冰冷）的印象。

此外，面對支配欲強的人，擺出「一臉呆滯」也很有效。若要比喻，就是土俑。因為無法從你的表情中讀取你正在想些什麼。

在接下來我們也會說明，若想支配他人，就必須知道對方在想些什麼。

可是，一旦你擺出「一臉呆滯」的模樣，不但不會給人敵對的印象，也讓人解讀不出你在想些什麼，就不會想支配你了。

此外，支配欲強的人大半在心底都有察覺到自己的主張很不合理。因此只要你從頭到尾擺出「一臉呆滯」的模樣，對方就不得不正視自己正在說著不合理的話這項事實。

這樣的話，對方之於你，就算是讓你承擔不合理責任的這件事，你也能夠不具敵意的回避。

以腦袋空空的表情不去管未獲解決、模糊且令人搞不清楚的狀態，對方就不得不自我約束。

沉默也很有效

當造出冰冷氣氛時，「沉默」當然也很有效。除了上述「冷靜表現沉默的人」，更進一步來說，要以「過於冷靜表現沉默的人」的感覺大量製造沉默，所以要愈發將對話控制在必要的最小範圍內。

這最低限度的對話也是要像在唸課本一樣，近似無抑揚頓挫的感覺，這麼一來，對方就無法解讀你的情緒，會出現獨特的壓迫感，因此對方會不知道該怎麼攻擊你。

要大膽做出這些事，當然就必須更強調潛藏在內心的「壞人」意識。

首先，自己一個人獨處時，請試著練習說話的方式與表情，以去感受比之前更冷淡、加上了點壓迫感的氣氛。

現在所舉出的應對法都可以說是不近人情的。要提高實踐至今的方法強度，或許可以說就要用更沒有人情味的相處法。

這麼一來，「和平共存」的品質當然會下降，話雖這麼說，只要沒有脫離對方的支配，就不可能打造和平的關係，所以首先要給予對方「你無法被支配」的印象，之後才能打造出和平的關係，請各位要有這樣的觀念。

裹上「令人不舒服的恐怖感」

若是實踐了說明至此的應對法，其實你已經學會了「莫名恐怖」的使用法。此前，藉由減少反應、營造出像是藏有什麼的氣氛，就會像有著「深不可測的恐怖」，這點之前已經說明過了，但若對象是支配欲很強的人時，就請加強那分「深不可測的恐怖」，想像自己裹上了一層「令人不舒服的恐怖感」。

有支配欲的人非常不擅長應付「有著令人不舒服恐怖感的人」。

要支配他人，唯有在知道對方在想些什麼的情況下才能進行。

若不清楚對方的事情，就無法支配那個人。

實踐書中方法到這裡的人，應該已經能透過「深不可測的恐怖」，輕易想像得到「令人不舒服的莫名恐懼」。

今後，面對支配欲強的人時，請自覺到「我要巧妙使用『令人不舒服的莫名恐懼』的方法」與對方往來。

不僅是要自然地醞釀出那樣的氣氛，還要將自我意識提升至「刻意營造出來」的程度。

這麼一來，「莫名的強悍感」自然就會更形增強，讓冰冷的壓迫感倍增。

悄悄行動

真正的人生是從攻擊結束後開始

閱讀到此，終於要進入最後的階段。若對支配欲強的人也能徹底實踐到STEP8的步驟，或早或晚，狀況都會大為改變。

在這最後階段，我有件事想再次告訴各位。

那就是，實踐這些方法的目的是為打造和平，活出你的人生。

你很不幸地碰上了攻擊欲很強的人，因此影響到了你與人相處的方式，構築出了「經常攻擊・被攻擊」的關係性。

因此你必須去做本來不該做的事，亦即心懷當個「壞人」的意識，減少對對方的關心、減少說話。

在此，希望大家能再次有所自覺，這就是各位之所以拿起這本書並實踐其中方法的原因。

這些方法，換言之就是讓你人生再出發的準備階段，不是真正的人生。

真正重要的是藉由實踐這些方法，讓和平降臨之後的事。

備齊了最低限度條件，讓自己不再受攻擊、能與對方和平共存後，就要問問自己，你如何思考自己的人生？想怎麼活下去？

捨去「依賴心」，以「個體」的身分而活

「作為『個體』登門拜師」。

教育學者齋藤孝先生在書中寫有這句話。齋藤先生將此當成座右銘，貼在研究室中。

我想，這也很適合作為你脫離長期遭受攻擊的狀況之後，為活出自己人生的須知。

脫離對方的影響，不再依賴對方，作為一個人而活，所以請做好心理準備，作為個體而活。

至今為止，有許多人來找我諮商過，我認為會成為攻擊目標的人，是有種會依賴他人或場所的傾向。與其說是依賴，不如說是能作為容身之處的地方只有一個，或者說是非常少。

因此實踐這些方法的過程中，或許會因與對方拉開距離而感到些許寂寞。明明總是被攻擊、傷害，卻在心底某處依賴著對方。

只要有著這分依賴心，就無法擺脫對方的支配欲。

不論透過多少方法改變與人相處的方式，只要對方偶爾在你臉上窺看到依賴心，他就能安心地繼續欺侮你、攻擊你，繼續支配你。

就像這樣，在這本書最後的最後，**我希望大家能做出一個覺悟，就是為了不讓你心中的依賴心成為阻礙，要作為一個「個體」而活。**

不過要突然讓依賴心消失很困難，這也是事實。因此為了不去依賴另一個人，可以去尋找其他的依靠。

依靠愈多，針對一個對象的依賴就會變淡薄。

至今為止，你只看到總是攻擊你的人，所以才會加強了對對方的依賴心。

不論是興趣還是工作都好，請在沒有對方的世界裡，找尋讓你熱衷的事物。

那將會成為你之後人生的目的、目標、生存價值的源頭，你就能真正的作為一個「個體」，活出自己本來的人生。

即便是公司的員工，作為「個體」而活的意識也一樣重要。

或許你會認為自己是處在上司的支配之下，但你是以個人的身分被公司所雇用的。

或許一直以來，你在上司的面前都不斷縮小自己，只能依循上司的指示行動。就另一面來說，這或許就是一種「等待指示」的依賴。

可是，只要徹底實踐本書的方法，你就能脫胎換骨了。

你將不再被上司支配，而能為公司利益做出貢獻，主動去做工作。這也可以支撐你作為「個體」而活的意識。

逆轉「基本」與「例外」

誠如現在所說的，總是受到攻擊的人，有著會依賴一個對象的傾向。

你是否在心底某處想著：「沒了這個人就不行」？反過來說，認為「這個人沒我不行」也是一樣的。

那麼，不依賴任何人的心理狀態又是怎麼樣的呢？

雖有各種說法，但或許最容易表達的就是「只要在就好」。

不要想著「沒你不行」或「這個人沒我不行」而倚靠對方，把對方想成是「只要有在就好」，就是沒有依賴心的狀態。

要做到這樣，可以試著思考逆轉彼此相處方式的「基本」與「例外」。

例如或許至今為止，對你來說，經常和對方交談、任何事都找對方商量是「基本」。

表現出這種相處方式的人，一旦偶爾和攻擊欲或支配欲強的人在一起，就容易成為攻擊目標。

此後，請將這樣的「基本」全都翻轉成「例外」吧。

也就是說，把交談、商量當成「例外」，把不交談、不商量當成「基本」。

可以說，要思考的不是如何去縮短距離，而是如何拉開距離。

至今為止，或許你因為對對方有依賴心，而希望彼此能更心意相通、相愛。

可是很遺憾地，對方會趁機抓住你的心情去進行攻擊。他既會攻擊你，也極度恐懼你會離開，所以會強力抓緊你。

若對方是這種人，就無法靠「親近」來解決。要傾注心力地「離開」才能解決，所以需要改變思維。

由翻轉至今為止的「基本」與「例外」，自然就會愈漸拉開與對方的距離。

這麼做的時候，依賴心就會變薄弱，不論是夫妻間還是上司下屬間，自然會覺得「只要在就好」。

只要「默默去做」，能達成的事會比想像中多

請注意，即便你在沒有他的世界中找到了熱衷的事物，也不要讓對方知道。

若至今不論什麼都會和對方說、商量是「基本」，或許就會想告訴對方「接下來我想試著做這件事」。

可是，支配欲很強的人，非常害怕你會去到他看不見的地方。不論是物理還是心理上，你若不在身邊，他就會不安，所以會想支配你。

因為有這種心理機制在作動，即便你只是稍微展露些個體性，他們都會看成是「離開的訊號」。然後他們會因為恐懼變成孤單一人，而加強支配。

因此，若與對方商量你接下來要做的事，別說他會幫你了，反而一定會積極阻撓你。不論是丈夫還是上司都一樣。

若你說「我想去學這個」「想去打工」，對方就會責備你「你想把家放著不

管嗎？」「我賺的錢還不夠嗎，你是有什麼不滿？」全力阻止你在家庭之外打造棲身之處。

若是上司，會為了徹底把你當自己的部下來使喚，而阻止一切你單獨作業的工作。

因此，「偷偷實行」想做的事，在今後是非常重要的一件事。

保持著「各自處在感情好的團體中的同班同學」這樣的距離感，與對方和平共處，徹底「偷偷來」，就能開始活出自己的人生。

如果想讓人說「我認輸了」就要注意！

在此希望大家務必要注意的一點是，絕對不要興致勃勃地去做「偷偷實行」這件事。

再說一次，「偷偷實行」是為了讓你不受到對方的干涉，活出自己的人生。

不是為了讓對方知道「我在你不知道的地方，開始靠著自己生活」，讓對方認輸。

因為至今為止的過程，對對方的關心應該已經降低到最低限度了。

我們的目標應該是打造「和平」，而不是反擊對方。

這點也說過很多次了，大家應該都能確實理解。

若是這樣就不用擔心，但若是無休無止的想著「想報一箭之仇」「想讓對方親口說出認輸」，就要注意了。

假如在心中有這樣的想法，就會下意識展現出「我藉由偷偷行動來擺脫你的支配」。就對方看來，就會覺得「最近你偷偷摸摸的，感覺很奇怪」。

我經常會對陷入這種思考模式的人說：「或許你會希望對方認輸，但若想讓對方認輸，對方也會反過來要你認輸喔」。

對方察覺到你偷偷摸摸，感覺很奇怪時，攻擊欲和支配欲會再度高漲，結果只會招來反效果。這麼一來將會有危險性，也就是至今為止所做的努力，將會在最後的最後放水流。

至今為止我也說過好幾次了，本書方法的目的是為了讓你取回自己的人生，打造「和平」。

為此，你要貫徹實行打從心底冷淡對待對方、減少反應、減少說話與接觸。

「偷偷行動」就是維持著這樣的自覺，要做到完全不讓對方察覺，才是「偷偷行動」。

試著去做了之後，你一定會實際感受到，光是瞞著對方行動，就能實現非常多事。

若進展到這地步，你將終於抵達本書方法的終點。

與此同時，你也將展開新的人生。此後，你將不會感受到被攻擊的恐怖或是不安，請盡情地活出自己的人生吧。

國家圖書館出版品預行編目(CIP)資料

不敢當壞人,永遠被當濫好人：遠離道德騷擾、退貨走偏的人際關係,拒絕當自己的加害者 / Joe ; 楊玉鳳譯. -- 初版. -- 新北市：世茂, 2020.10
面； 公分. --（銷售顧問金典；109）

ISBN 978-986-5408-32-9（平裝）

1.人際關係 2.人際傳播 3.溝通技巧

177.3 109012079

銷售顧問金典 109

不敢當壞人，永遠被當濫好人：遠離道德騷擾、退貨走偏的人際關係，拒絕當自己的加害者

作　　者 / Joe
譯　　者 / 楊玉鳳
主　　編 / 楊鈺儀
編　　輯 / 陳怡君
封面設計 / 走路花工作室
出 版 者 / 世茂出版有限公司
地　　址 / (231)新北市新店區民生路19號5樓
電　　話 / (02)2218-3277
傳　　真 / (02)2218-3239（訂書專線）
劃撥帳號 / 19911841
戶　　名 / 世茂出版有限公司 單次郵購總金額未滿500元（含），請加60元掛號費
世茂網站 / www.coolbooks.com.tw
排版製版 / 辰皓國際出版製作有限公司
印　　刷 / 傳興彩色印刷有限公司
初版一刷 / 2020年10月

I S B N / 978-986-5408-32-9
定　　價 / 330元